永恆的生命

陳順德 著

代序 省悟與感恩——試論陳順德《永恆的生命》

陳長慶

《永恆的生命》是陳順德老師在從事教育工作之餘所孕育出來的第一本書。這本書的可貴處，不在它篇幅的多寡，而是橫跨文學、文史與教育三個不同的領域，除了讓讀者欣賞到文學之美外，家鄉的歷史源流、金同廈的尋根探源、南洋紀行、知性之旅、教育興革，全在他的書寫範圍之內，可說是一本多元化的文集，相信讀者們閱後，必能從其中汲取寶貴的知識和經驗。

全書分二輯，輯一為較感性的「生活隨筆」，輯二是較嚴肅的「教育文集」，分別發表於金門日報「浯江副刊」與「言論廣場」。無論是散文小品或教育論述，均獲得廣大讀者的共鳴和迴響，它似乎也是充滿著自信的陳順德，有意把這些智慧的結晶，輯印成書的最大理由。一方面為回顧半世紀來的陳年往事，另一方面為知所省悟和感恩，三方面為自己的心路歷程留下值得紀念的篇章。從他書中所表達的意象，我們也不難看出他對文學的執著、對教改的堅持，以及告訴後代子孫先人華路藍縷的奮鬥精神。

眾所皆知，生活在砲火下的金門人，生命賤如蜉蟻，上一分鐘還活得好好的，下一分鐘可能生命不保。〈永難忘懷的夜晚〉作者想要詮釋的就是戰爭的無情，雖然一場免費的露天電影救了他一命，事隔半世紀的今天，回想當年砲火下的驚險畫面，則依然讓他膽顫心驚。如果沒有去看那場電影而待在家裡的話，勢必早已成為砲火下的冤魂。如今，兩岸關係已和緩，砲聲或許不會再在這個島嶼響起，島民期待清平的日子亦已來臨，當年「福大命大」的毛頭小子，此刻在文壇與教育界，都同時擁有一片屬於自己的天空，該感恩而不是怨嘆！

人的一生中，能相知相惜者，的確沒有幾人。在〈感謝生命中的恩人〉裡，陳順德懷念的是一位曾經在金門服役的杜先生。那年當他隻身負笈南台灣時，在舉目無親下，去投靠兄長的一位友人，而這位友人是以傳統的理髮業維生，家境並不寬裕，台灣又是一個極端現實的社會，而萬萬想不到，杜氏兄嫂竟然把他視為家人，並以一顆誠摯之心，熱忱來款待這位來自戰地金門的友人之弟，讓他順利完成台南師專的特師教育。誠然，人必須懂得感恩，但忘恩負義者大有人在，陳順德在時隔三十餘年後的今天，仍然念念不忘當年施予他恩惠的異鄉友人，的確倍感可貴。此時，我們以「有情有義」來形容他，似乎並不為過。

作者說：「運動是廉價的保養品，自己要親身去體驗；登山卻是考驗毅力的時候，必須突破難關，戰勝自己的敵人，才能持續下去。」〈迎著晨曦登山去〉是一篇意境甚高的散文佳作，他告訴讀者的不僅僅是運動的好處，而是帶領著讀者一起去觀賞太武山上的晨曦美景。從火紅的太陽由海平面冉冉地昇起，到峽谷瀰漫著變幻無窮的雲海；從山頂上奇岩林立，到蒼勁的松樹豎立其中；從海印寺僧尼的誦經聲，到隨著木魚和鐘聲的梵唱；從「頑石點頭」的石刻，到「毋忘在莒」的勒石，並把沿途上的原生植物，一一向讀者們介紹，譬如：小葉赤楠、石斑木、凹葉柃木、海桐、山梨子、雀梅……等，彷彿把讀者帶到另一個美麗清新的境界，也同時在野外上了一堂自然課。

民國五十四年，九年義務教育在金門實驗，陳順德是金沙國中第一屆畢業生，〈走過求學的歲月裡〉正是他從自己的家鄉——碧山，經東珩、西吳、東蕭、東埔，遠到沙美求學的心路歷程。在公車尚未全面普及下，靠的是雙腳徒步上下學；雨天在沒有雨具可用下，頭上披的是麻袋摺成的克難雨衣；午餐是兩個饅頭加一碗免費的大骨湯。即使學校的設備欠缺，教學資源嚴重的不足，但同學們卻能夠在劣境中成長和茁壯。反觀現代的青少年，由於多數均生長在優渥的環境中，缺乏獨立自主的精神，倘若與爾時的陳順德相比，簡直是天壤之別。

儘管本文書寫的是一段較嚴謹的求學歷程，但其中卻融入了一些生動活潑的趣事，尤其是上下學途中，隨手摘取可吃的路旁野果，冬天的小葉黃鱔藤，更讓他們吃得滿嘴烏黑。三年國中生涯，在他們沿途捉蟋蟀、玩蟻獅、捕熊蟬的嬉戲中終於過去了，留在記憶深處的，卻是一串甜密的回憶。而今，作者把這段充滿著酸甜苦辣的陳年往事，透過筆端書寫出來，讓讀者有機會一起來分享他求學的過程。如果以現時代的觀點來說，它不僅只是一篇好散文，似乎也可以做為青年學子邁向成功人生的借鑑。

〈海濱遊蹤〉與〈漫步在海濱中〉均以沙白水清的許白灣海域為抒發對象。陳順德似乎對山與海情有獨鍾，晨間登山為鍛鍊身體，海濱漫步為陶冶性情，野生植物與自然生態更是他最關心的焦點。倘使沒有這方面的知識，勢必是叫不出它們的學名的。譬如海岸邊沙丘上，它長年生長的是馬鞍藤、待宵花和濱刺草；經常在沙灘上出沒的是黎明蟹、股窗蟹和俗稱「沙馬」的沙蟹。而這些海洋生物，在作者長久的觀察下，均一一地現出了它的原貌。例如黎明蟹的潛沙功夫，股窗蟹排列的沙丸，沙蟹飛快的腳步，找到花蛤的排氣孔和排泄物，便可讓它的蹤影現形等等，讓讀者對這些海洋生態，多了一番瞭解。可是，我們的海洋正逐漸地隨著生態環境而變化，整個海岸線已遭受對岸漂流而來的廢棄物汙染，棲息的魚群與潮間帶的貝類也日漸減少，如果不早日研商對策，海洋資源總有枯竭的一天，屆時，將是人類的不幸。

〈高粱成熟時〉、〈採芝麻〉與〈安脯糊的故事〉都是與農家有關的作品。陳順德出生於東半島一個貧困的小農村，歷經過艱辛苦楚的農耕歲月，從犁田、播種、鋤草、施肥到收成，幾乎樣樣經歷過。因此，當他的筆觸延伸到這塊區域時，融入文中的，均是他自身的感受，讓讀者閱後有身歷其境的親切感。然而，看似通俗的題材，作者所欲表達的，卻並非只是它的表面，而是深入它內在世界的探討。無論是高粱或芝麻，一粒種籽從萌芽、成長到收成，不知要花費農人多少心血。尤其島上多數為旱田，必須仰賴老天爺普降甘霖來滋潤，否則，一定會枯死。而貧瘠的土地，在堆肥不足的情況下，必須以硫酸亞做為肥料，這種化學物品卻容易造成土壤的酸性作用，後續種植的農作物，將形同得了侏儒症，妄想會有好收成。

陳順德告訴我們說：爾時收割高粱，必須連稈帶穗割下約三尺，然後捆綁挑回家，並視自己的力氣緊握一把，在院子的牆壁上猛打，至到它的顆粒完全脫落為止，並利用風力來去蕪存菁。而採芝麻必須連根拔起，挑回家排列在曬穀場，經過陽光多日的曝曬，當莢果自然地裂開時，芝麻便散落一地，復用篩子去蕪存菁，這就是採收芝麻的過程。平心而論，如果沒有實際上的農耕經驗，勢必寫不出讓人印象那麼深刻的好文章。

在〈安脯糊的故事〉裡，陳順德直截了當地說：「年輕的不認同過去的生活方式，年長的只有感慨時代的變遷。」短短的兩句話，道出老一輩的心聲，然而，這是時代的趨勢，我們又怨得了誰呢？該文雖然只千餘字，但卻把安脯糊的故事詮釋得淋漓盡致。從蕃薯與島民唇齒相依的關係，到蕃薯的栽植；從蕃薯剉碎、淘洗、沉澱而成的安茨粉，到用銅剉剉成曬乾的安茨籤；從一片片扭曲變形的安脯，到用牛拉動石磨輾壓成顆粒帶粉狀的安脯糊；從水開後再把安脯糊慢慢撒下去，到用鱟勺舀開水攪和直到均勻為止。當安脯粒熟透後，於是，一鍋散發著蕃薯香的安脯糊糜，就是爾時島民賴以維生的主食。讀者們都清楚，如果不是陳順德親身的經歷，焉能為我們做那麼詳細的經驗傳承。

碧山座落於本島的東北角，雖然是一個古樸的小農村，但卻交融著三種不同的文化——閩南文化、僑鄉文化和戰地文化，把小小的村落塑造成一個不一樣的面貌，見證它豐沛的人文歷史，睿友學校更登入縣定古蹟。其他如陳氏大宗祠和小宗祠、昭靈宮、陳德幸洋樓，陳清吉洋樓、一落四櫸頭古厝、百年黃連木和雞蛋花更列入碧山八大傳奇。在本書中，陳順德以較大的篇幅，來描述自己的家鄉——碧山，似乎無不妥之處。因為他自小在這個村落成長，早已和它衍生出一份血濃於水的情感，如今他把內心誠摯的感受書寫出來與讀者們共享，讓讀者們對這個純樸的小農村多一番瞭解，的確是明智之舉。

三篇攸關於家鄉的作品，它們分別是〈我的家鄉是碧山〉、〈睿友學校話當年〉、〈碧山的歷史源流〉等。雖然早年的譜牒已湮沒，先民開拓史無從查考，但陳順德依然四處蒐集資料，並從耆老口中得知一二，復詳加整理，把碧山的歷史淵源，做概略性的敘述，讓後代子孫知道自己的先祖從何處遷徙而來，以及陳氏「潁川衍派」之堂號、「平章事給事中」之燈號和「德存仕國、汝必文廣、體夏甫乾、堯舜禹啟、聰明睿智、禮樂射御、修誠齊家、永敦倫常、奮勵精勤、奕世興隆」之輩序。其用心之良苦，可見一斑。

即使碧山有洋樓、有古厝、有百年黃連木和雞蛋花，亦有不少擔任公職或教職的知名人士，譬如：曾任金門縣政府財糧科長、福建省政府組長的陳榮泰先生；曾任金門縣政府文教科長、高雄高商校長、金酒副總經理的陳榮華先生；曾任金門縣政府文教科長、現任教育部督學的陳昆仁先生；現任國立金門技術學院觀光系主任的陳建民博士……等，均為碧山子弟。但因屬於交通不便的偏遠地區，平日鮮少有外賓或媒體蒞村探訪，亦未受到政府官員應有的重視。直到二〇〇二年十二月，始由文建會指導，金門縣政府協辦，國立金門技術學院觀光系主辦「碧山的呼喚」系列活動，方讓這個不起眼的村落重新定位，並受到應有的重視。筆者並於活動當日，書寫〈阮的家鄉是碧山〉——「咱的故鄉咱的詩」一首，刊載於金門日報浯江副刊共襄盛舉，相信這首詩也是對碧山最好的詮釋。該詩並由「金門縣宗族文化研究協會」轉載，刊登於《金門宗族文化》創刊號，於建縣九十周年慶暨世界金門日活動期間，廣為發行，讓海內外鄉親，對碧山多一份認識和瞭解。

〈愛與祝福〉是陳順德參加慈濟功德會歲末活動的感想，「口說好話，心想好意，身行好事」是該次活動的主題。雖然作者忙於教學，亦有忙不完的日常瑣事，但對於一些有意義的活動，他必撥冗參加，似乎也試圖從這些活動中，吸收一些課外的新知識，好在課堂裡誘導學生把握當下、珍惜生命、感恩惜福、潔身自愛，行孝與行善莫遲疑，並自我修行來提昇心靈的內涵，讓生命的光芒發揮到極致！而在〈閱讀是教育的靈魂〉一文裡，作者說：人生要涉獵的知識是無窮盡的，呼籲要鼓勵學生分享閱讀的經驗，養成學生閱讀與探索的樂趣，把校園營造成一個處處充滿著讀書聲的閱讀環境，讓孩子在快樂的閱讀中，找到未來的夢想和希望！

〈南洋紀行〉、〈台北知性之旅——赴民權國小交流〉、〈旅遊札記——九寨溝八日遊〉、〈金同廈尋根探源之旅〉等四篇均為旅遊札記。坦白說，旅遊散文要寫得好並不容易，它最忌諱的是以記流水帳的方式來書寫。無論何種文類，倘若不能寫出內心誠摯的感受，用再美的文字來堆疊，也難以引起讀者的共鳴，更別冀望能達到它應有的效果。而陳順德似乎能抓住遊記的書寫要領，以另一種方式來呈現，譬如說，他在〈九寨溝八日遊〉裡，用「出發」、「成都懷古」、「天然奇觀」、「人間仙境」、「天府之國」、「道教聖地」、「萬石山公園」、「鼓浪嶼風光」等七個小標題，來抒發內心怡然的情境和自身的感受，猶如導遊般帶領著遊客進入到每一個景緻悅人的勝地，一起享受旅遊時的愜意和快感，完全跳脫傳統寫法的框架。誠然，各人的解讀有所不同，但一篇遊記如果不能抓住重點、吃喝拉撒都要記上一筆的話，勢必會失去旅遊散文的原始價值；同樣地，倘使蒐集幾份景點簡介或摺頁，回家再照抄或改寫來朦騙讀者，又有什麼意義可言？因此，我們敢於如此說，陳順德的旅遊札記，除了文字簡潔、內容扎實外，幾乎和他的其他作品一樣，篇篇都是可讀性甚高的作品。

輯二書寫和探討的，幾乎都是較嚴肅的教育問題。

「教育」顧名思義是培植人材，訓練技能，以能適合於國家建設、社會發展與世界進化的一種事業。然而，即使陳順德從事教育工作已三十餘年，足跡遍及台南、澎湖與大小金門，歷經過導師、教學組長、訓導主任、教務主任、教育部創新教學輔導員、金門縣政府教育局課程督學等職務，並取得儲備校長資格，以他實際的經驗來替地區教育把脈或進言，似乎更具說服力。誠然，筆者在文學這個區塊，是一個不折不扣的老園丁，當陳順德這本新書即將問世時，理應可以大放厥詞、胡扯一番。但是，隔行如隔山，一個不學無術的老年人，豈能厚顏無恥、自不量力來談教育。因此，攸關這一部分的論點，請容我把它跳過去，不在試論範圍之內，一切留待方家來詮釋吧！

總的說來，《永恆的生命》無論書寫的是文學或教育，自有其存在的歷史價值。畢竟，這些文章都是陳順德利用公餘書寫出來的智慧結晶，我們只有鼓勵而沒有否定的理由。放眼當今社會，擁有高學歷的公職人員比比皆是，而又有幾位能真正用心來記錄這個小島上的點點滴滴或生活軼事呢？即使每個人的價值觀不同，對文學和教育的認知亦有所差異，然而，無論記錄的是何種文類，只要能書寫成章，必有其可取之處，這是多數現代人所疏於分析的。但願陳順德這本書的出版，能帶動一股強而有力的書寫風潮，為浯鄉這塊歷經砲火蹂躪過的土地，留下一些值得紀念的篇章！

二〇〇七年十二月　於金門新市里

目次

輯二　教育文集

輯一

生活隨筆

永難忘懷的夜晚

生長在三、四十年代的金門人，大多在「古寧頭戰役」和「八二三砲戰」的砲火下成長，在這兩次震驚中外的戰役之中，我們村子裡的男女老少，並沒有任何傷亡事件，真可說是不幸中之大幸。尤其，在兩岸砲火交戰的四十四天之中，對岸總計猛烈發射了四十四萬餘發砲彈，落在一百五十平方公里的金門島上，其落彈密度之高，戰況之激烈可以管窺一斑！其實，生活在金門島上的居民，除了要時時小心躲避對岸的砲擊，也得隨時留意國軍演習流彈的威脅、或者誤觸地雷。

換言之，生活在砲火下的金門人，生命賤如蜉蟻，沒有什麼保障，上一分鐘活得好好的，下一分鐘可能性命不保。其間，最令人難忘的，莫過於兩岸「單打雙不打」的協定，令金門人熬過了二十年的痛苦日子，那是金門人心中永遠的痛，也將永難忘懷。

記得自民國四十七年底起，直至六十八年初為止的二十年之中，生活在金門島上的鄉親，不知躲過多少次砲彈的襲擊，如今回憶起來心有餘悸，有幸能保住小命，真要感謝蒼天保佑，才能在砲火下苟活。所謂的「單打雙不打」，那是每逢單日的晚上，或雙號晚上過了午夜十二點，敵我雙方都可以實施砲擊，相互打「砲宣彈」。特別是雙號的下半夜，常常一家老小酣睡之際，對岸突然砲擊，成年人聽到砲聲立即起身躲防空洞，那是家常便飯，不足為奇。最怕就是小孩子睡得正熟，任憑怎麼叫都叫不醒，常常要趕快狠狠給他一巴掌，讓孩子痛得跳起來，可是，好不容易叫醒，卻馬上倒頭呼呼大睡，為人父母，又無法一把抱走所有的孩子，時間一分一秒的溜逝，對岸第二發砲彈隨時飛過來，情況危急，命在旦夕，真叫人手忙腳亂！

當然，家裡有老年人，或行動不便者，三更半夜碰到砲擊要躲防空洞時，若要扶持一起進防空洞，到處一片漆黑，談何容易？若不扶持自行逃命，親情骨肉，人命關天，又於心何忍？值得說明的是，「砲宣彈」是一種裝宣傳單而發射的砲彈，臨空爆炸之後，宣傳單隨風飛揚，碎片四散，砸到人畜，非死即傷。威力最強的彈頭，可以鑽進地裡好幾公尺，也能穿過好幾道鋼筋水泥的牆壁，若不幸被命中，必定粉身碎骨、命赴黃泉，再不然，也是斷手斷腳、終身殘廢！每次砲擊之後，都可看到斷垣殘壁或血肉模糊的畫面，大家見怪不怪！

當時的金門農村沒有供電，自然也沒有電視可看，大家日出而作，日落而息，能夠到軍營看一場免費的露天勞軍電影，或勞軍團歌舞演出，那是村童的最愛，其情節可以向人炫耀好幾天。有一天晚上，駐軍在村郊操場播放電影，阿兵哥拿著小板凳井然有序坐在布幕前，小孩子則縮著頭席地而坐擠在布幕下，軍民同樂觀賞黑白電影。正當大家聚精會神之際，突然一顆砲彈臨空爆炸，發出轟天巨響，所有觀眾立即呈鳥獸散，自行找地方躲避，不消說，一場勞軍電影也泡湯了。

砲擊後返家，剛踏進大門，就聞到一股很濃的煙硝味，原來是一發砲彈從廳堂後方穿入，還在右廂房裡打滾，最後彈頭被厚厚的牆壁給擋下來。仔細察看，彈頭還打破兩個大陶缸，個人睡覺的床鋪被打翻了，如果當時沒有去看電影，必定正在床上夢周公，恐怕早就沒命了。家人及左鄰右舍叔嬸看到被炸翻的床鋪，直呼「福大命大」，否則，後果實在不敢想像！如今，兩岸關係逐漸和緩，砲聲已遠颺，然而，回首前塵往事，雖事隔半世紀，砲火下驚險的畫面仍歷歷在目，在那個年代，金門人不是不怕死，而是砲火下人命賤如蜉蟻，能夠生存一天，那是上蒼保佑，誰敢奢望有明天？一場勞軍電影救了我一命，幸運逃過一劫，親身體驗了「戰爭無情」，是該感恩？還是怨嘆生不逢時？

二〇〇三年五月一日　載於《金門日報》浯江副刊

感謝生命中的恩人

金門高中畢業那一年，隨著同屆畢業生，在新頭碼頭搭乘俗稱「開口笑」的海軍登陸艇，經過海上三十多小時的飄盪，很多同學是第一次坐上這類型的船，擠在船艙裡暈得死去活來，連膽汁都吐光了，好不容易終於橫渡台灣海峽，踏上一個陌生又嚮往的地方——台灣寶島。

登陸艇在高雄第十三號軍用碼頭靠岸，大夥下船之後，分乘軍用卡車一起進住澄清湖青年活動中心，準備參加大專聯考。記得考場設在高雄中學，大夥兒在海上的暈眩還沒有恢復，又是看考場，舟車勞頓，身心疲憊不堪，經過兩天的「大烤」之後，同學們各奔東西，由於我在南台灣舉目無親，懵懂無知，且初次離鄉背井，真是茫然不知所措！

幸好家兄認識一位曾在金門服役的杜姓朋友，家住台南市郊外，憑著與家兄的一點交情去投靠他家，暫時有了一個棲身的窩，得以在那裡歇息準備，參加台南師專的入學考試，最後，很幸運考取當時特設的特師科。在學期間住宿，但每逢星期例假日，我都會離開學校到杜先生家聚會，久而久之，遂成了他們家孩子的玩伴。尤其，杜先生夫婦視我如親人，對一個異鄉遊子的生活起居照顧得無微不至，仿如一家人似的，每每讓我有回家的感覺，倍覺溫暖。

學校畢業之後，分發到國民小學服務，每逢假日，我坐幾段的車程回到台南杜家，與他們一家人相聚。自從民國六十四年調回金門服務，台金兩地相隔遙遠，特別是軍管下的金門對台電話不通，民航機也還沒有開放，往來一趟全靠搭登陸艇，見一次面非常不容易，因此，平時只能靠書信請安、問候，但是，只要是赴台出差或旅遊，必定撥空前去台南探望他們，敘舊聊表思念。

記得在求學期間曾生過一場大病，頭暈目眩的老毛病又犯了，躺在床上痛苦難熬，幸虧他們把我當成自己的家人看待，悉心照料，直到身體康復為止，這份情意永銘在心頭。每當急需用錢時又逢家裡的大豬尚未賣出，零用錢遲遲無法寄達，他們總是設法為我墊付才免於缺錢之苦。

杜先生學歷不高，從事傳統理髮行業，收入雖然不多，但安於本分工作，一家過得自由自在。杜太太態度親切，待人特別有雅量，除了把這個家料理得井然有序，空閒時幫人縫紉衣服，多少貼補家用，還很樂意幫助別人，像我這個來自外島非親非故的學生，也很樂意給予各方面必要的幫助。因此，他們擁有一個快樂美滿的家，如今孩子都成家立業，個個孝順懂事，讓人羨慕不已。

所謂「在家日日好，出外事事難」，回顧三十多年前，穿著學生制服，在舉目無親的南台灣，幸遇杜兄一家的收留，讓我有一個棲身的窩溫習功課，順利考取師專和完成學業。承蒙杜家的照顧，進而成知己好友，甚至如同手足一般親密，雖然，這際遇來自緣分，人的一生中，能相見的人何其多，但能相知相惜者有幾人？尤其，從戰地金門能和台灣寶島千里結緣，那份擁有的情誼實在是彌足珍貴！其實，當年個人寄居杜家，受到他們夫婦倆的照顧外，值得一提的是，我另有兩位堂弟，隨後也負笈南台灣，同樣也受到妥善照顧，尤其，在窮苦的五、六十年代，一般家庭生活環境都很差，出外求學負擔更重，出外求學的學生日常生活起居若有人照料，解決了食宿問題，那份恩情，真是「恩重如山」！

自從戰地政務解除後，金門開放觀光，我們才有機會誠摯的邀請杜兄舊地重遊，敘說當年駐防太武山的偉績，找尋當年曾經踏過的足跡。其實最重要是讓我們兄弟盡一份地主之誼，大家歡喜相聚，其樂無比。

當然，今天我能完成學業擔任教職，貢獻一己之力，且擁有一個和樂美滿的家庭，一路走來曾經幫助過我、需要感恩的人實在太多了，但是，除了父母的養育之恩，特別要感謝的就要算杜先生夫婦了，因為，如果沒有他們，我不能順利完成學業，也不可能有今天的美滿的家庭，每當午夜夢迴，憶起這段往事，慶幸有這份福報。

如今時時刻刻心存感恩，家人的幫助及週遭朋友的愛護，至今不敢忘懷，只希望扮演好自己的角色，努力的工作，讓我的家人及朋友分享這份榮耀。人生的機遇難料，我很幸運遇到如此好友，讓我走上正途，人生的道路得以走得順利無阻，真正感受到惜福感恩的心境，希望往後努力盡我所能回饋社會。

二〇〇六年十月五日　載於《金門日報》浯江副刊

迎著晨曦登山去

爬山成為我每天必定的運動項目，掐指一算已有十年了，記得剛開始爬的時候，是朋友相約同行，如今能夠持續下來的人不多，這是考驗一個人的恆心與毅力，這也因此改變了我身體多年來的毛病，讓我活得更有信心和活力。

自從遷居到太武山旁，由於鄰近的關係，每天清晨五點鐘便從家裡步行而上，來回大約一個小時的時間，冬天時不論天色多灰暗仍然摸黑而上，即使寒冷的天氣也從不間斷。每回走到海印寺，必先向眾菩薩行個拱手禮，活動一下筋骨，然後再折返下山。剛開始爬時有點不習慣，尤其冬天裡，正當在棉被窩裡暖和著，外面吹著冷颼颼的寒風，正是考驗毅力的時候，必須突破難關，戰勝自己的敵人，才能持續下去。我經常被老婆笑稱是呆瓜，為什麼不多睡一會兒，每天做同樣一件無聊的事，在她眼裡實在太乏味了。

每天清晨醒來，整裝待發，先來個柔軟操，舒展一下筋骨，再步行到屏東文康中心的哨兵站，沿著陡坡緩緩而上，通過金東旅的崗哨，只見兩位哨兵荷槍佇立，威武不屈的模樣，令來往的遊客肅然起敬；這兒的山路較陡，彎曲難行，爬過的人都說太累了；路旁的大巖石鐫刻著「人定勝天」四個字，似乎在激發每一個上山的人要有信心面對未來的挑戰。

來到觀日出的平台，倚著花崗岩，欣賞那旭日東昇的美景，遠遠看到火紅的太陽從海平面冉冉而上；腳下的峽谷瀰漫著白霧宛如雲海，變幻無窮，令人駐足忘返；山頂上奇岩林立，蒼勁的松樹豎立其中，在那一塊搖搖欲墜的圓石上刻著「頑石點頭」，十分有趣；遠遠傳來海印寺僧尼們的誦經聲，隨著木魚和鐘聲，規律地梵唱著，終於到了海印寺前廣場，心裡默念著阿彌陀佛，向眾菩薩道早安。偶爾會爬上「毋忘在莒」勒石，追思先總統蔣公當年鐫刻此勒石的用意再往南走便是鄭成功觀兵奕棋處，沿著石階而上，此處居高臨下，視野遼闊，形勢險要，想當年鄭成功指揮大軍的豪氣萬丈，一心致力反清復明的大志，思古情懷油然而生。

十年來養成了習慣，每天早上到了那個時刻總會自然醒過來，不想再賴床。每當走完下來，必定滿頭大汗，沖完了澡全身舒暢，活力十足，準備迎接今天的工作。我總是跟朋友說，運動是最廉價的保養品，自己要親身體驗它的功效，低溫下的冬天裡，驅除你的寒意，溫暖你的全身，這些年來讓我保持充沛的體力，遠離病魔纏身，節省了不少的醫藥費用，好處多多。

偶爾我會爬上一般人們罕去的山頂上，繞過駐軍廢棄的碉堡，山下每一處景物，盡入眼底，遠望遍地是樹林，一片綠油油的景色，證明了金門的綠化相當成功。如果三五好友能在那兒飲茶聊天，是多麼愉悅的場景。經過羊腸小道而行，山坡陡峭，必須小心地爬行，兩旁的原生植物遍布山中，從石縫中長出來，展現植物驚人的生命力，如小葉赤楠、石斑木、凹葉柃木、海桐等散布其間，許多原生植物是平地無法看得到的，是自然生態教學的好教材。每一時節都有不同的花綻放著，譬如三月盛開山杜鵑、石斑木，在萬綠叢中格外顯出紅色的美；山梨子的果實長得像顆紅珍珠，讓人垂涎欲滴，紫黑色的雀梅是小時候常吃的野果；垂手可得的桑椹散布路的兩旁；還有許多奇花異草等待著我們揭開其中的奧祕。在步行途中我欣賞了大自然之美，接觸更多植物的生態，這也是爬山的一項重大收穫。

星期假日常約同事好友一起登山，邊走邊談，天南地北無所不談，甚至在山頂上吶喊，許多不滿的情緒得以發洩，有益身心健康。我們經常看到報導：日行萬步可以保持健康的身體。看起來似乎很容易，可是持之以恆並不是件容易的事，否則肥胖的人怎麼會到處可見，那些中年凸肚族又何其多。一般人大多知易行難，年紀漸長更應該注重保養身體，除了勞動一下筋骨，更重要的是吸取更多的新鮮空氣，陶醉在充滿芬多精的森林裡。多年來從不間斷的幾位老先生視爬山為家常便飯，雖然年過七十歲了，看他們踩著輕快的腳步，滿面笑容，讓年輕的朋友望塵莫及，永遠保持充沛的體力，那都是長年磨練下最佳的寫照。

現今的社會由於生活富裕，外界的聲色場所誘惑，生活作息不正常，夜貓族的生活十分普遍，因此早起不容易，更談不上養成運動的習慣，年輕的一輩更是寥寥無幾。為了自己的健康，促進家庭親子關係，把爬山活動視為一項良好的運動，蔚成風氣，讓你發現更多自然之美，感觸生命更美好。

二〇〇三年十月二十八日　載於《金門日報》浯江副刊

走過求學的歲月裡

九年國民義務教育於民國五十四年在金門上路，在全縣五個國中全部推動起來，我有幸搭上這班國教列車，以今日社會的眼光，看起來似乎像白老鼠實驗一樣，當時備受家長質疑，各界爭議不休。如今回想起來實在具有特殊的歷史意義，那時代創校維艱，從無到有，歷經多少困境才創建起來，然而這批學子也在此困境中成長，這段珍貴的求學歷程，極為珍惜。

我是首屆國民義務教育的畢業學生，從金沙國中畢業至今已有三十五載了。回憶學校創建的開始，起先暫借舊金沙鎮公所上課一學期，與金寧國中學生同一學校上課，校舍完成後再回到新建的校址上課，那時候校園環境大多靠師生利用勞動課整理，填土整地，栽植花木，樣樣都做，為學校節省了不少公帑，也訓練學生勤勞的好習慣，如今回憶起來無怨無悔，具有深遠的意義。

我家住在偏僻的碧山小村落，距離沙美大約五公里的路程，步行約三十多分鐘，那時公共汽車沒有繞經碧山，因此國中三年裡靠著雙腳徒步上下學，那時就讀的同伴只有三人，每天從家裡走到學校必須循著羊腸小道前進，經東珩、東蕭、東埔這幾個小村落，三年來如一日，無論刮風下雨從未曾間斷，如今回憶起來仍然值得引以自豪，真佩服當時的恆心與毅力。夏天時放學回家得即刻趕到田裡幫助農事，這幾乎是當時每個小孩必要的差事，尤其農忙時候家裡更需要個好幫手。

每逢下雨天最惹人憂煩的事，是必須要全副武裝應戰，頭上披著麻袋摺成的雨衣遮身，彎著身子向前走，書包用膠布包著，手上提著鞋子，光著赤腳走路上學，那時哪有雨具可用，走在又濕又滑的泥土路上，隨時有滑倒的可能。如果是冬天可能被凍得手腳麻木，遇到春雨綿綿則是最難過的一段日子，真佩服自己不知道如何熬過來的。那時代沒有免費的營養午餐可用，跟同學到街上四處打游擊，粗菜淡飯簡單解決午餐的問題，饅頭和肉包加大骨湯是少不了的，只花三五塊錢而已。因此下午放學後，肚子也開始唱空城計了，挨著飢餓的肚子還得走一段漫長的路，只要有吃的東西，哪怕是一塊小小的餅乾，都是人間美味。

走在途中的小路上，都是一叢叢的林木，布滿了原生植物群落，譬如相思樹、楝樹、烏臼、澇槁樹等，望遠看過去綠意盎然，充滿生機。路旁的野果每到生長的季節都長滿了果實，成了隨手可摘的水果，諸如春天的楦梧、雀梅、桑椹、郁李，夏天的紅梅消，冬天的小葉黃鱔藤，每次都讓人吃得滿嘴烏黑；偶爾找到蟋蟀的小洞，總想捕捉回去，或把玩白沙裡的蟻獅；路旁的熊蟬、薄翅蟬也是我們找尋目標，沿途嬉戲，忘卻了步行的勞累，好不快活。

五十年代的家庭經濟較為困難，平時沒有零用錢可用，學校也沒有設立福利社，早餐必須在家裡吃飽才不致挨餓，所以家人必須很早起來準備早點，雖然路途遙遠，我每天總是最早到達學校。當時學校環境設備欠缺，教學資源嚴重不足，師資陣容參差不齊，調動頻繁，學校人事無法安定。同學們參與學校勞動是常有的事，花費在美化工作的時間難以估計，可是並沒有影響我們的課業，一面讀書、一面勞動，我們這一班幾乎全部考取金門高中，前十名幾乎佔了各校的一半，成績凸出，令人刮目相看。

最讓同學們永難忘懷是擔任本班的王應通老師，他那溫文儒雅的風範，深植每個學生的心，雖然剛出校門，便具有孔老夫子的教學精神，無怨無悔的教導，一路走來始終如一，把這個班級經營得相當出色，奠下良好的根基，在往後的畢業會考大放異彩，至今我們仍然感念他默默地付出與關懷，也建立我們正確的人生觀，因此教師的教化影響學生的一生得以證明。

國中三年的歲月裡，一步一腳印的走過來，在惡劣的環境下成長，磨練人的心志和毅力，奠定往後工作的態度，適應各種不同的環境，未嘗不是良好的教育與考驗。反觀現代的兒童受到過度的保護，造成適應不良，無法獨立自主，相形之下有如天壤之別，值得讓為人父母深思。感謝諸位教導的恩師們，沒有他們辛勤的教誨，就沒有今天的我。

二〇〇三年十月二十七日　載於《金門日報》浯江副刊

海濱遊蹤

小時候看海只是想到嬉戲好玩，玩沙、抓蟹、採螺是兒時的最愛。現今的假日時光在安排休閒活動時，除了訪友、登山等活動外，令我最嚮往的莫過於暢遊海濱一番。金門是海上的一個小島，海岸風光宜人，只是島民不知去欣賞她的美，甚至有人花錢到國外去欣賞海岸景色，實在是無知。

海岸邊的沙丘是兒時嬉戲的地方，長年長著馬鞍藤、待宵花等野菜，是一般農家採收當作豬的飼料；濱刺草及環繞海岸的木麻黃，多年來默默地守衛著這片土地，是抗風沙的鬥士，隱約可看到被風沙摧殘的痕跡；沙丘旁的紅墩是栗喉峰虎的家，夏天裡常聽到清脆悅耳的叫聲，身著金翠綠的衣裳，成群展翅飛翔的美姿；沿著海岸線聳立成排的鬼條椿，幾十年來防堵匪軍的侵犯，如今成了海濱特殊的景觀；岸上的碉堡已看不到往日駐軍熙熙攘攘的人潮，海岸的據點不再是神秘的地方；礁石在海浪的侵蝕下經過多少年的刻劃，把它切割成無數的皺紋，礁石下海生動物活動其中，各種貝類散布其間展現生命的活力。

每當漫步在白白的沙灘上，望著藍藍的大海，總會遠望海的那一邊，小時候想像中的共匪是如何的可怕，不知道大陸人民生活的狀況是怎樣，隨著時局改變才有了答案。隨著年齡增長，每到海濱感觸時光如梭，幾十年的光陰匆匆溜走，而大海依然漲退有序，永不歇息，十分規律地運行著。

走在白白的細沙裡，迎著涼爽的海風，望著狹長的海灣，令人心曠神怡，忘卻了世間的俗事，而大自然的美景只能靠自己體會其中的奧祕而已。尤其在清晨看日出，那火紅的大圓球從海的另一端冉冉的上升時，極為壯觀，變化多端的朝霞讓人目不暇給。

么兒從小就喜歡海，我們倆總會帶著簡易的釣竿，在礁石間垂釣，很容易釣到幾條石狗公；有時候拿著特製的鏟子在石縫中摘取「龜爪」，或撿拾各種貝類，總是玩得流連忘返，樂不釋手，是親子活動最佳的寫照。與鄰居同行去「牽罟」，那是夏天重要的活動，十餘人合力拉著一條長長的網，從許白灣的這頭捕捉到田浦港的那一頭，考驗著大家的體力，雖然捕獲的魚量不多，但是大家都盡情參與，笑容寫在每個人的臉上。

我常思索著，多看海的人會開闊心胸，心境舒坦，免於胸懷狹隘；當心情不好的時候到海濱散散心，能解開心中的鬱悶；慢跑在柔軟的沙灘上，像在自然的跑道上作運動，平坦舒適，何樂不為？

二〇〇三年十月十五日　載於《金門日報》浯江副刊

高粱成熟時

聽到那收割機隆隆的運轉聲，在高粱田裡馳騁地工作，一下子的功夫就把一大片成熟的高粱田收割完，並脫粒裝入袋裡，最後還把高粱田犁好，一貫收割作業的效率迅速，真羨慕機械帶給人們的便利，減少人力的浪費與辛勞。回首往日收割高粱的辛苦，簡直難以相比。

從小家裡種了不少的高粱，早期開始就有保價收購的措施，那是農家一項重要的經濟收入，祖先遺留那幾畝零星的田地，高低起伏不平，土質不甚肥沃，有的太乾旱，有的過於潮濕，因此高粱的收成總是不如人意，加上品種未經改良，每遇風雨侵襲便伏地不起。當時施肥大多以硫酸亞為主，容易造成酸性土壤，高粱形同得了侏儒症，別妄想有好收成。

種子播下後，首先怕下大雨把種子泡爛了，發芽了又怕被鳥啄食或蟲蛀，許多天災人禍都可能降臨，要看老天的臉色，能夠長成一片綠色的幼苗實在不容易，長約十公分高便著手刪除密集的幼苗，生長期間要經過三個月，施肥、鋤草、防蟲害都必須交替完成的農事，稍有疏忽便雜草叢生。好不容易長成一個人的高度就開花結果，頂端結穗纍纍，呈綠色再慢慢轉紅，大概就是收成的時候。

每到收割的季節，又是農家忙碌的開始，拿起鐮刀將一畦一畦的高粱割下，在豔陽高照的七月天，站在密不透風的高粱田裡，令人有窒息的感覺，汗水直流，皮膚被塵埃抹過，奇癢無比。萬一被風雨吹倒在地，七橫八豎的景象，正是考驗大家耐心的時候，從雜亂的高粱稈慢慢去撿拾，得多花一倍功夫。連稈帶穗割下七十公分長，捆成一束挑回家，放在曬穀場曬，接著在巷子內的牆上搥打，好讓高粱粒脫落；有時候則倒在馬路上讓來往的車輛輾過，成了鄉村特有的景觀，脫完粒後，利用風力的作用去蕪存菁，經過太陽曬乾，裝袋儲存，收割的工作才告完成。

走過農村生活的歲月裡，感受那土地散發的芬芳，雖然是四十餘年前的事，如今回憶起來如昨日一般，體驗了農家的甘苦，增長了生活智慧，這些甜美的回憶永遠留在我心頭。

二〇〇三年七月六日　載於《金門日報》浯江副刊

採芝麻

五十年代農村生活的經濟收入是靠收成高粱、花生、甘藷等農產品買賣，得到微薄的收入來維持生計，社會經濟不如今日的活絡，賺錢談何容易，因此一般農家生活清苦，而農事十分忙碌是那時代典型生活的寫照。我們家世代務農為生，靠種田過日子，也和一般人家一樣，種芝麻也是收入的一種。

每年四月春暖時節開始播種，經過三個多月的時光生長，鋤草、施肥的工作是一遍又一遍，直到長成一片綠油油的枝葉，棵棵結滿了一串串的莢果，才是收成的時候。早期農村缺乏機械搬運，唯有靠人力來運送，因此收成真是件苦差事，每個人的雙肩負起收成的重任。芝麻不如其他作物的收成，當成熟時不能等待果實乾裂，或放在太陽底下曬，必須即刻搬回曬穀場曝曬，等待莢果裂開、種子掉落下來。

每當芝麻成熟時，我們全家總動員，由父親帶領大家一起來。他經常袒露上身，那壯碩有力的肩膀，黝黑發亮的身子，不知歷經多少年鍛鍊出來的，我們兄弟們無法與他相比，合力拔完田裡的芝麻，將它捆成一捆，每人各挑一擔回家，我雖然年紀最小，也分配一擔。那剛拔下的芝麻莖幹水分多，十分粗重，距離家約兩公里遠，頂著大太陽又肩負重物，總是汗流浹背，我的年紀最小，大哥總會助我一臂之力，每趟得休息數回才到家，兩肩幾乎紅腫起來。當結實纍纍的芝麻排滿了曬穀場，經過五、六天的日曬，翻來覆去兩三回，芝麻莢果自然裂開掉落下來，利用細孔篩子去蕪存菁，留下一粒粒又黑又亮的芝麻子，總算大功告成。採收回來的芝麻可以賣得好價錢，或者與油行兌換麻油，供為冬季進補的好佐料，那是當時農家做月子必備的補品。

每當麻油飄香四散，便勾起昔日採收芝麻的情景，彷彿在眼前重現。那時候的農家生活雖苦，看到田裡作物成長的喜悅，感觸收穫的滿足是筆墨難以形容的；總以為用自己勞力耕耘得來才是甜美的、踏實的，往日農村溫馨的畫面，團結合作的精神在今日的社會不復多見了。

二〇〇三年七月二十三日　載於《金門日報》浯江副刊

難忘的黃昏時刻

從歷史文獻印證金門在近代歷史上，因地理位置與海防形勢險要，每每成為兵家必爭之地，因此戰爭頻繁是可預見的。從小自爸媽的口中娓娓道出往日砲火下的生活，哪家的房子被炸燬，哪個人被炸傷的事件，每一幕都讓人聽來心驚肉跳，身歷其境的人方能體會，因此現今的年輕人都感到不可思議，簡直是天方夜譚。

小時候常幫忙家裡粗活，上山撿柴火、採豬菜、播種收割、放牧牛羊等農家雜事，總是忙個不停。令我印象最深刻莫過於養豬的工作，清晨起來便挑水儲備餵豬隻，接著到田野採豬菜，所謂的豬菜是指馬鞍藤、待宵花、野莧菜、蕃薯藤等，必須採滿了一擔，從老遠的海邊挑回家，回來以後加上少許飼料烹煮，成為豬兄弟們的三餐伙食，當時養豬是農村社會積蓄最好的方法。

走在狹長的海岸線眼前一片是細白的石英沙，陽光下的海水像是布滿遍地的亮片，媲美太平洋群島的自然景觀。馬鞍藤在海濱的沙丘上長滿了匍匐狀的長藤，厚實而像馬蹄形的葉片布滿了沙丘上，是養豬人家的最愛，每當採摘時順便在細白的石英沙上當成溜滑梯，從上滑下來，成了休息時孩子玩耍的樂園，孩童們的嬉笑聲與海浪聲相呼應。偶爾在沙土中找尋蟻獅，在漏斗狀的小洞口挖出體態肥大的蟻獅，放在手中把玩。雖然是管制的海岸，那時候沒有感受到地雷的威脅，記憶中的同伴並沒有誤觸地雷的案件發生。

八月二十三日的傍晚時分，那時候手上沒有手錶可以看，只見太陽向西沉下去，該是回家的時候，準備收拾返家，突然砲聲轟隆響起，大夥拔腿往低窪的地方趴下去，嚇得雙腿都發軟了，猜想是不是國軍部隊演習發射的火砲，大家議論紛紛，討論要怎麼回去，仔細地聽，砲彈是從海的那一邊發射過來，萬砲齊發，宛如炮竹連續響不停，距離我們有段路程，遠處冒出陣陣黑煙，此起彼落，大夥才知道事態嚴重，砲戰開打了。

我們沿著低窪的壕溝爬過去，一心只想奔回家裡，好讓家人放心，可是砲聲不斷，怎敢冒然回去，只有等待時機而行，然而在這危機時刻，只能祈求蒼天保佑。天色漸漸暗了，西邊的天空迸出火花，砲聲不曾歇下來，大夥五、六人只有痴痴地等待，幸好躲在一處壕溝裡，才免於受傷害的命運。時間一分一秒的過去，夜色更暗了，夜空的星星也閃爍著，趁著砲聲漸歇摸黑跑回家，家人看到我們平安返家，直呼謝天謝地，總算平安落幕。

自從八二三砲戰發生以後，大約有四十餘天處在戰爭的狀態，三餐不濟的日子中度過，砲火密集時連煮飯的時間也沒有，大部分的時間都在防空洞裡生活。走過這段烽火的歲月，都是年紀五十歲以上的金門人共同的記憶，在幼年無知的歲月裡所遭逢的驚懼，非外人所能感受的，事隔四十餘年了，永生難忘。祈求兩岸和平交流，遠離戰爭的苦難。

二〇〇三年五月十八日　載於《金門日報》浯江副刊

安脯糊的故事

蕃薯是早期賴以維生的主食，約有四百年的歲月與金門島民唇齒相依，在烽火歲月的日子裡，更凸顯其重要的地位，雖無亮麗的外表，卻有實在的內涵，是島民唯一生命的活源，被金門人視為聖品。

蕃薯適合生長在貧瘠乾旱的島上，種植的方法也簡單，剪一段約三十公分長的莖插入土裡，一週後就活起來，生長期間翻鬆土壤並施肥兩次，三個多月的生長就可收成。那時候種的蕃薯田是一塊又一塊，滿山遍野長著濃密的蕃薯藤。每到收穫的季節，家裡堆積如山的蕃薯，除了煮成蕃薯粥供給三餐食用，利用安茨剉將蕃薯剉碎，淘洗沉澱製成安茨粉，作為蚵仔煎的材料；或用銅剉剉成安茨籤煮稀飯用；普遍農家製成安脯糊居多，最後剩下較小的作為豬的飼料。

每到秋風起的日子，農民們把收回來的蕃薯削過皮，以安脯刀削成厚厚的一片，鋪在山頭的草埔頂上，靠陽光曝曬及風吹的作用，一、兩天的功夫就乾了，一片片扭曲變形的安脯，全家大小出動撿拾回家。收回來的安脯也可以直接煮成粥來食用，一般都用牛拉動石輪輾壓成粉狀，稱它為安脯糊。有了安脯糊，是農家秋冬和初春的庫存乾糧，家家都備有大陶缸保存，少了它可能鬧飢荒，早年稻米缺乏，三餐主食都有安脯糊的存在，與每個家庭關係密不可分，煮起來呈黏糊狀，散發著蕃薯香味。

記得小時候當農忙時，放學回家先幫家人煮了一大鍋安脯糊粥，要花一點工夫學習，不然煮成一團團塊狀。用的是燒柴火的大灶，等水開了，安脯糊慢慢撒下去，用鱟勺舀開水攪和，直到全鍋均勻為止。煮好以後讓粥冷卻，傍晚家人回來就可吃了，每次吃起安脯糊粥，不知吃了多少碗，總是覺得肚子沒有填飽，和現在的食量比，有天壤之別。

今天家家生活富裕，吃的是大米飯或麵食，安脯糊粥成了稀有食物，農家也很少製成安脯糊，因此在現在的生活中逐漸消失，年輕的人也不認同過去的生活方式，年長的人只能感慨時代的變遷了。

二〇〇三年六月二十四日　載於《金門日報》浯江副刊

漫步在晨光中

自從搬到太武社區的新家以後，除了每天爬山以外，每逢例假日下了山總會回老家碧山一趟，與鄰居鄉親泡茶聊天，享受一下閒情逸致的時刻，順道來到家兄的農場，聽聽那群雞鳴豬叫的聲音，看看田野裡的蔬果，品嚐原味的果實，回味一下童年的農家景象，是多麼快樂的事。

在初夏的清晨來到農場旁的紅土墩，成群的栗喉峰虎正在峭壁上掘洞築巢，偶爾飛上樹梢停留，展示那美麗的衣裳，發出優美的嗓音；環頸雉探首探尾遍地找尋牠的食物，成了田裡的常客，看到人來時便急速躲進樹林裡；褐翅鴉鵑常在叢林裡出沒，發出扣扣的叫聲，引人注意牠的存在。每當清晨漫步在這林野間，呼吸大自然的空氣，鳥兒們環繞在身旁為你歡唱，唱出大自然的樂章。

路過小溪的沼澤地，地形改變了不少，偶然間發現了罕見的長葉茅膏菜，枝葉流出黏液，正等待昆蟲上鉤；植物葉上的露珠迎著朝陽微笑，生氣盎然；田野上的黃牛旁，幾隻白鷺鷥正等待找尋牛身上的牛虱，遂成了親密的夥伴；紅土墩是我們兒時嬉戲的地方，松樹林布滿期間，這一帶自然景觀仍保持原有風貌。

在寒風刺骨的冬天裡，萬物似乎都躲起來，來往的人兒稀少，只有遠到的稀客正在覓食，河流旁、池塘邊都有牠們的蹤影，成群結伴，無懼寒風的吹襲。

不知是何時鄰近的防風林燒得面目全非，放眼望去殘枝遍地，失去了綠意生機，令人嘆息不已。想當年駐軍歷經千辛萬苦，在乾旱的沙丘上圍著籬笆才種活的，與東北季風搏鬥多少時日，如今卻被一把火一夕之間燒毀了一大片林木，怎不叫人心痛！

也許是運動的關係，一股暖流不斷湧出來，全身舒暢起來，體驗運動所帶來的效果。走在充滿生機的原野步道上，忘卻那一切世俗的煩惱，優遊於大自然的懷抱，如此美好的時光，又有幾人懂得欣賞？一日之計在於晨，一天美好的開始才是成功的希望，可惜世上的人總是虛度此美好的時光，朋友們珍惜吧！

二〇〇三年五月六日　載於《金門日報》浯江副刊

我的家鄉是碧山

碧山原來是個偏僻的小村莊，早期稱它是后山，常與山后村混淆，胡璉司令官下令更名為碧山。這個小村莊從以前就默默無聞，還有很多金門人不知有這個地方，直到最近媒體報導及辦理社區文藝活動，才不斷湧入到訪的遊客，讓這小村子活絡起來。

我們的祖先來自河南光州固始籍，從福建泉州晉江縣深滬鄉支分而來，開基祖先為存仁公，遷居浯州後山，至今約六百餘年，繁衍子孫有二十餘代，許多傳奇的故事一直代代相傳，早期族人逐年遷居南洋各地，於明末時隨著鄭成功軍隊到台灣，早年譜牒湮沒，許多先民開拓史實無從查考，只能從長老口中傳說略知一二，但大多是零碎的野史。村子位於金門島東北角，東北臨海，早期受東北季風侵襲，海岸飄沙南移至村莊北面，南有環村溪流如一條帶子，自西向東流入后扁海域，村莊房屋坐東北朝西南，冬季受東北風影響較大，夏季受東南風所賜，較為涼爽，聚落形同畚箕狀，符合「糞箕穴」的風水傳說。

村內世代姓「陳」，「潁川」為堂號，「給事中」為燈號。清末民初有百餘戶人家，由於人口多，地質貧瘠，因此紛紛往外遷移，以南洋謀生居多，繁衍子孫不計其數，以陳清吉先生為典型的例子，創業有成，積資匯款建造形式特殊的洋樓；有的積資興學，嘉惠家鄉子弟，如睿友學校的設立。有部分居民於民國四十七年八二三砲戰期間遷台謀生，如今只剩下四十餘戶人家，經統計以公教員工居多，佔三分之二，其餘為務農人口；年輕者大多赴台升學工作，老弱婦孺多數留在聚落內，是目前金門聚落群共同的景象。

這兒的建築大多以燕尾式古厝為主，有一落二櫸頭、一落四櫸頭、二落大厝形式及護龍等形式。洋樓有陳清吉先生赴南洋謀生致富，於民國二十年建造的，氣勢雄偉，佔地寬廣，並有完整的庭院；其次為小宗宗祠是金門僅有的洋樓式宗祠；再來是陳睿友所建造的學校，造型特殊，具有保存價值；聚落出口的陳德幸洋樓，格局較小。宗祠有三棟，以大宗宗祠建築風格壯觀堂皇，為兩進式，其中小宗為洋樓式的建築，是全金門僅有的兩棟。睿友學校是陳睿友先生創建，幼年隨舅父赴南洋謀生，開設「金和美」商號，經營有成，積資辦學，造福家鄉子弟，委託陳德幸先生籌建，於民國二十五年竣工，並聘請廈門師資前來授課，招收本鄉及鄰村子弟就讀，嘉惠許多學子，如今成了社會中堅分子，事業有成，感佩睿友學校創辦人的義舉，讓後人津津樂道。

碧山可分為三個時期敘述，第一時期為先民遷金移居後至清朝時期。在碧山聚落裡，閩南傳統文化之宗族聚落及居民建築，順依山勢，緩坡而建，坐東北，向西南，整體朝向一致。這一大片歷史建築見證了漢人庶民在金門生活的社會關係、經濟型態及哲學思想，這樣的文化脈絡可以追溯到幾百年前金門開府之始，至今仍未中斷。而大小聚落中的宗廟，更是發揮著聯繫宗族情感的功能。社區內的老房子，雖然失去了往日繁華，但住民卻未曾遠離。

第二時期的僑鄉文化更是碧山吸引人的另一特色，時間約為清朝至抗戰前。少數飛黃騰達的華僑，回鄉後大手筆興建融合中西建築特色的「洋樓」。碧山中最為人稱道的便是「陳德幸洋樓」與「陳清吉洋樓」。在陳清吉洋樓的門楣上，起造的華僑以英文寫著「Union is strength」（團結就是力量），見證了當年華僑緊密的向心力。除了洋樓之外，華僑還興建了學校，以提升僑鄉的教育水平，如「睿友學校」的成立，這樣的僑鄉文化具體反映了近代僑匯經濟時期的文化特徵與價值觀的轉變。而中西合璧的洋樓在現今更是彌足珍貴。

第三時期的戰地文化則由抗戰時期至今。原有的建築又披上軍事的外衣，二十世紀中葉以來的戰地文化乃說明了金門「固若金湯、雄鎮海門」的戰略地位，從一九四九年以來的軍事建築與地景，其實就是時代的縮影。三種不同文化分別代表不同時期的歷史與思想。

村中的昭靈宮內主奉田府元帥，又稱大相江爺，姓雷名海清，於唐朝天寶年間司管梨園，為音樂之神，聖誕日為農曆九月十五日，其他供奉的有二相江爺、三相江爺、金府王爺、福德正神、註生娘娘等。廟前有四支戲台支柱，有戲班演出再臨時搭建，這是碧山民眾信仰的中心。風獅爺有兩尊，一尊聳立在後山的叢林中，另一尊在陳昆齊古厝前方，為石雕造型，鄰近村莊邊緣，具有鎮風驅邪的功能。

村子周圍散布黃連木植物群，昭靈宮後方有兩顆百年的黃連木古樹，造型特殊，增添幾許古意；陳清吉洋樓庭院內有棵百年的雞蛋花，常開滿黃白色的鮮花，是我們小時候嬉戲的地方；村內的空地上種植各式各樣的蔬菜，綠意盎然；村子周圍長滿了黃色的待宵花及馬鞍藤。農家大多種植雜糧為主，包括花生、甘藷、高粱、小麥等，其中芋頭是具有經濟價值的作物。而今從事農業的人口逐漸減少，棄農從工，反映了人力結構的改變。

早期受到睿友學校教育的影響，文風鼎盛，多數人都受教育的薰陶，因此擔任公職人員佔多數。宗親力量的凝聚存在已久，每逢春秋兩祭，族人聚會的時刻，長幼有序，崇尚禮儀，謹守本分，至今保存良好的傳統文化，受到宗族規律約束，幾乎沒有作姦犯科情事發生，曾經有位退休的警察大人稱讚有加，幾十年來都沒有案子發生，不用管區警員操心，讓身為碧山人的我引以為傲。

二〇〇四年八月六日　載於《金門日報》浯江副刊

人生旅程的另一個開始

從事教育工作三十餘年了，遇到朋友總會問我退休了沒有？如果說是要擔任校長，總以為遙不可及，想都不敢想。二月初開學不久，聽說在報考校長，因為自己擔任主任未滿兩年，不符合規定。巧遇教育局張督學及中正國小張校長一起在城中的輔導團辦公室裡，幫忙上網搜尋法令，找到偏遠地區校長候用法規，正好符合報考資格，在眾人的鼓舞下毅然參加報名，到報名截止，參加甄選的主任不多，猜想是不是受到八十分門檻的限制，還是符合資格者少。

眼看距離考試的時間只剩二十餘天，由於沒有規劃參加校長甄試，平時就不注意收集資料，只有從頭開始準備，做最後的衝刺，在同仁的眼裡認為應該順利考取，因此背負更大的壓力，似乎非考取不可。在同仁們的期待聲中，總算如願考上了，然而內心是憂喜參半，喜的是完成了自我實現理想，憂的是責任加重的開始，接受更嚴格的挑戰。誠如許多來授課的教授說今日的校長難為，你們有勇氣跳進來，值得嘉許，因為總有一些人對教育的執著，讓教育得以薪火相傳。

年過半百給人的印象是老了，該是退休的時候，尤其看到同學相繼退休，內心常思索是否該退了，陷入進退兩難，內心的掙扎已久，考慮的因素很多，譬如健康的條件、未來生涯規劃、能力是否勝任、興趣是否合適、人際關係等，都必須用智慧做最後的抉擇。再想到薪傳的任務是否完成，制度是否健全起來，把棒子順利交給年輕的一代，才算圓滿退下來，隨時惕勵自己，要有尊嚴地從事任何一種行業。

在校長儲訓當中，百餘位學員以我的資格最資深，每當看到七十餘歲的教授上課，那種博學敬業的精神，令我們年輕的一輩汗顏，做為我們學習的典範，更激起我向上精進的動力。研習會裡每天排滿的課程，絲毫不敢放鬆，從不落後於人，不論札記的書寫、專書研討、參觀心得、經驗的分享，都同步完成，總不服輸於他人，體認要學習的知識太多了，領悟出「學無止境」的道理。從總統府張建邦資政的演講中，以他七十五歲的高齡，聲音仍然宏亮，侃侃而談，在他大學畢業後三十年再取得博士學位，無論從政、辦學都有非凡的成就，不斷自我求進步所致，供大家學習的典範。

今天既然踏入教育行列，更需要自我進修，回顧以往學得的知識幾乎無法用在今日的教育，終身學習是必然的趨勢，具備新的教學方法才能應付新世紀的學生，不致被時代所淘汰。每天早上遇到在校園運動的家長，也許會質疑我為何那麼早來學校，其實成了習慣，凡事樂在其中，便不覺得辛苦。何況做任何一件事要腳踏實地，全力以赴，勿愧對良心。這些年來一直默默奉獻，只希望扮演好自己的角色。有一天如果擔任上校長，本身的知識、能力和人格智慧要做教育同仁和學生的楷模，樹立良好的典範。

二〇〇四年七月三日　載於《金門日報》浯江副刊

漫步在海濱中

難得好友自台灣返鄉來，我門約好到海邊去漫步，一大早天未亮，在約好的地點會合，一夥人沿著鄉間小路走去，迎面而來的清風令人舒暢。早起的鳥兒已在枝頭上歡樂地唱著歌，遠處傳來農夫耕田喝叱著牛的聲音，眼前的海岸防風林只剩幾棵枯木聳立在沙丘上，兩年前的火災吞噬了整片綠野，想恢復原有風貌，不知要花上多久的時光，才能再見到昔日濃密的樹林。

越過田野來到海濱的出口，眼前高聳的沙丘不知經歷多少歲月堆積而成，富有生命力的馬鞍藤，無懼乾燥的沙丘，依然盛開著紫色的花朵；一片黃色的待宵花陪襯著以及蔓荊匍地而生，更顯得綠意盎然。我們沿著海岸邊走去，那鬆軟的海沙如同走在沙發上，鬆軟舒服。寧靜的海面上，看不到浪花，只見遠處的礁石露出水面，形同烏龜狀。海面缺少陽光的照射才顯不出閃亮鱗片般的光點，可以遠望那遼闊的海面。

踩在富有生命的沙灘上，敏捷的沙蟹以飛快的腳步奔馳，散落一地的沙丸及坑洞都是沙蟹的傑作。俗稱「沙馬仔」的蟹，是昔日垂釣石斑魚的誘餌，漁民總會背著竹簍，帶著尖銳的鋤頭，在沙灘上以靈巧的手腳，才能捕捉活生生的沙馬仔，以便乘船出海垂釣。黎明蟹的潛沙功夫也了得，一會兒功夫就鑽進沙裡去，牽罟時常纏著漁網，隨手可得。

花蛤也是出沒海灘常見的貝類，找到小小的排氣孔及排泄物，便可以找到花蛤的蹤影，是一道美味的佳餚。股窗蟹築工事的技術也是一流，規律排列的沙丸布滿沙灘；有些較濕的泥地出現凹凸規律的造型，宛如月球上的坑洞，像是走入小人國的世界。

一排排整齊的軌條砦聳立在海水與沙灘間，是本島海岸線的特殊景觀，受幾十年海水的侵蝕，仍然屹立不搖，這樣歷史的遺跡有其特有的價值。沙丘內隱藏著神秘的面紗，處處布滿了地雷，隨地可見戰車雷的殘骸，長滿了鐵銹，讓人怵目心驚，曾經奪走了多少寶貴的生命，那是金門人心中永遠的痛，只能怪罪戰爭的無情。

栗喉蜂虎在沙丘的峭壁築巢，挖掘一個個的小洞穴，布滿了海岸旁，成群結伴在一起自由飛翔，在高空中呼朋引伴，蔚為壯觀，為寧靜的海岸增添了熱鬧的氣息。遠望狹長的海岸受到對岸漂流的垃圾所汙染，堆積遍地的保麗龍、瓶罐、塑膠袋等，破壞了海岸的自然景觀，令人感嘆！

回憶小時後跟隨大人在沙灘捕魚的情景，經常是滿載而歸，每一位參與者都可以分得一大堆的魚貨，至今已經完全改變，隨著生態環境變化，海洋資源枯竭，棲息的魚群稀少，魚貨量短少；潮間帶的貝類日漸減少，甚至瀕臨絕種，昔日活躍在沙灘的鱟，幾乎看不到牠的蹤影。我們總認為海洋的資源取之不盡，用之不竭，其實不盡然，如果大家不做好環保，地球的資源難以永續生存。

當我們走到海岸中央，這時一輪火紅的圓球從東方的海平面冉冉升起，又大又圓，極為清晰，漸漸露出光芒，讓人感到耀眼。住在這裡的人們，天天都可以欣賞到日出的美景，所以不覺得稀奇，又何需到阿里山去看日出？然而早起的又有幾人？多數人都錯過欣賞的美好時光。

如果海岸風光被視為一種景觀資源，應保持和凸出原有的特色，如何規劃自然生態參訪的景點，刻不容緩。今天我們看到許多海堤的建築，被成排的消波塊所環繞，新建的港口佔據了生物棲息地，成為扼殺自然生態的桎梏，試想不讓雙腳沾染潮間帶的泥沙，又如何體驗其中生命的奧秘？

來一趟生態旅遊，走訪充滿生命的海灘中，潮來潮去，生生不息，那樣規律地運行著，孕育無數的生命，等待你我去感受，盡情享受假日休閒的美好時光。

二〇〇五年六月八日　載於《金門日報》浯江副刊

碧山的歷史源流

碧山位於金門東半島，是陳姓聚落，祖籍為河南光州固始，支分福建泉州晉江深滬鄉，始祖德宗公仕元官居一品平章事，以剛直建言於朝被禍，其三子在家聞訊乘舟泛海而逃，遇風飄散，開基祖帶妾柳氏擇地於同安縣翔風里浯洲嶼，十七都後山鄉海邊登岸擇地定居，因深滬前臨海，背有後山與碧山峰，才有後山與碧山的地名由來。

根據當時鄉誌稱始祖與妣合葬在本鄉後山頭目名曰大翁脊，隆慶四年庚午眾建祠堂於墓前，同年十月十六日出探，元旦迎主入祠。昭穆輩序依次為「德存仕國、汝必文廣、體夏甫乾、堯舜禹啟、聰明睿智、禮樂射御、修誠齊家、永敦倫常、奮勵精勤、奕世興隆」；燈號為平章事給事中，堂號為潁川衍派，先民率由中原渡江遷入福建，再由福建輾轉進入金門，因同姓而形成一個聚落，代代相傳至今。開基祖有三位太太，黃氏、翁氏、柳氏，生有五子，西間派長房，東間派二房，中央派三房，門口派四房，下溪派五房，以後各自繁衍子孫。

據西間派家譜序言曰

家譜之設，尊祖敬親，光前裕後之具也。西山曰人出生於父母，出於祖，祖之出於始祖之厥，初得姓受氏者，派源悠遠，枝幹蕃衍，究根溯源，藹然太和之氣，萃宇宙間。故譜曰示人敬而聳人重，仰而親之，考祖曾高而及於一本也，能勿敬乎，俯而求之，玄來雲礽以及於終一氣也，能勿愛乎，故敦人倫，厚風俗，正名份，興禮讓。譜之所以睦族，關世頸不鉅哉。始祖二十三郎公拓基本族，代有人文維持家聲。

今族巨丁眾，譜牒湮沒，無從查敘，謹自吾門廣亮公而下，立為一小宗，辨其昭穆，字行密其系序，支派中有勉勵立身，列其行實以聳後人視聽，不肖者亦不敢曲諱，以垂將來鑑戒。昔蘇公曰「觀吾譜孝悌之心油然而生」，歐公曰「傳於其家者以忠事君，以孝事親，以廉為吏，以學立身」，今余區區其在斯乎，後之有志其無念爾祖，庶斯譜知未朽也夫。

這一段家譜序為明末鄭成功參謀陳熙憲所寫，清順治元年（一六四四年），序文中強調族譜的重要性，尤其提及本族之族譜遺失，祖先遺跡無法詳實記錄，未來宗族的修譜是一件重大工程，是後人必須完成的工作。從片面的資料得知先人如何遷徙的艱苦歷程，族人發展的歷史，先民如何移民南洋各地，明清兩代至民國初年，陸續分支同安內頭小公山、金門湖山、前墩、東溪、台灣澎湖、菲律賓、新加坡、印尼、馬來西亞、泰國等地。繁衍子孫不知其數，難以估計。

早年聚落內由於人口多，地質貧瘠，因此紛紛往外遷移，尤以南洋謀生居多，以陳睿友先生為典型的例子，創業有成，積資匯款興學，嘉惠桑梓，創辦睿友學校，修橋鋪路，設置義塚以濟貧葬。白手起家的陳清吉先生，致富返鄉興建融合中西建築特色的洋樓，亦有僑鄉積資興建或修復宗祠等，可窺見僑鄉的宗親奮鬥的辛酸史，對家鄉教育的貢獻，飲水思源的心境，表露無遺。

依據始祖於元朝任官職，若以元朝末年計算，距今約六百五十年前就遷居碧山，繁衍子孫二十二代，每一代為三十年，正符合遷徙浯州的定居時間，由於族譜不知於何時散佚，以致先賢開拓的史實無從查考，許多傳說就這樣一代一代傳下來。鄉誌稱始祖與妣合葬在本鄉後山頭目名曰大翁脊，隆慶四年庚午建祠堂於墓前，核對萬年曆為一五七〇年，距今有四百二十四年，因此大宗宗祠幾度修葺，然而無法確知其梗概。

據長老稱六世祖文燦公分支同安縣內頭小公山，至今有十餘代，目前取得宗親陳基型所撰寫的族譜中，昭穆輩序排至第十九世，與本宗相同，證實是碧山分支的後代。又九世祖天澤公於明嘉靖庚寅考取進士，十二世祖堯道公於明朝御賜進士等榮績，許多傳聞需進一步考證，再加以記載，讓碧山的歷史得以延續下去。

碧山大致分為三個時期，第一時期為先民遷居後至清朝時期，在碧山聚落裡，閩南傳統文化之宗族聚落及居民建築，順依山勢，緩坡而建，坐東北，向西南，整體朝向一致，聚落形同畚箕狀，符合「糞箕穴」的風水傳說。這一大片歷史建築見證了漢人庶民在金門生活的社會關係、經濟型態及哲學思想，這樣的文化脈絡可以追溯到幾百年前金門開府之始，至今仍未中斷。而聚落中的宗廟，更是發揮著聯繫宗族情感的功能。社區內的老房子，雖然失去了往日繁華，但住民卻未曾遠離。

第二時期的僑鄉文化更是碧山吸引人的特色，時間約為清朝至抗戰前，少數飛黃騰達的華僑，回鄉後大手筆興建融合中西建築特色的「洋樓」。碧山中最為人稱道的便是「陳德幸洋樓」與「陳清吉洋樓」。見證了當年華僑緊密的向心力。除了洋樓之外，華僑還興建了學校，以提升了僑鄉的教育水平，如「睿友學校」的成立，這樣的僑鄉文化具體反映了近代僑匯經濟時期的文化特徵與價值觀的轉變。中西合璧的洋樓在現今更是彌足珍貴。

第三時期的戰地文化則由抗戰時期至今，原有的建築又披上軍事的外衣，二十世紀中葉以來的戰地文化乃說明了金門「固若金湯、雄鎮海門」的戰略地位，從一九四九年以來的軍事建築與地景，其實就是時代的縮影，三種不同文化分別代表不同時期的歷史與思想。

碧山獨特的歷史源流交融了三股文化大潮——閩南文化、僑鄉文化與戰地文化，塑造了碧山聚落的人文風貌，豐富的歷史建築是金門開府以來三股文化交流生存的載體與見證，這塊寶地正等著大家去了解與探索，更是值得您我好好珍惜的人文資源。

二○○五年三月十二日　載於《金門宗族文化》創刊號

愛與祝福

當二〇〇四年即將進入尾聲，南亞在無預警下發生了強烈地震，引發了百年來強烈的大海嘯，席捲了南亞數國的土地，奪走二十餘萬人的生命，造成數以萬計的家庭流離失所，震撼了全世界，各國紛紛發起了慈善捐助活動。在此刻更讓我們感嘆人生的無常，旦夕禍福隨之將至，讓人無法意料。

去年底有幸參加慈濟功德會舉辦的「二〇〇四年社區歲末祝福活動」，目睹參與的人數非常熱絡，擠滿了文化中心演藝廳，今年歲末祝福的主題是力行三好祈三願，力行「口說好話，心想好意，身行好事」，德愉、德悅兩位師父特別轉達證嚴上人的祝福，並期許大家行孝與行善莫遲疑，把握當下，感恩惜福，送走過去的一年，誠摯地迎接未來的一年。活動中看到慈濟人在這一年努力播下大愛的種子，庇蔭全世界的人們，哪裡有災難隨時動員慈濟人即時支援，默默奉獻心力，不斷地推動慈善、醫療、教育、文化四大志業，把大愛散播到全世界，撫慰眾多受苦受難的蒼生。

以教育的觀點來說，我們真的很慚愧不如慈濟人身體力行，譬如投入環保及社區志工的成果；靜思語教學融入生命教育及生活教育；發揮急難救助的團隊精神，都是活生生的教材，尤其提升心靈的環保，更值得教育者擷取善加利用。今天我們見到社會的亂源，除了來自家庭的破碎，人際之間缺乏誠信，最重要的是許多具有地位者缺乏人文的素養，無仁者風範，無法讓人民有崇尚的榜樣，不知何處是理想的目標。

回顧金門過去經歷數次無情戰火的摧殘，拆散多少美好的家庭，殘害多少的生命，朝夕面對砲火的威嚇，孤立無援之下，逆來順受，勇敢撐下去，所有的金門人永遠屹立不搖，展現一股堅忍不拔的毅力，贏得世人的稱讚。一直到近年來，世局丕變，生活全面改觀，物質充裕，生活免於匱乏，大多過著安定富足的生活，社會多項福利措施優於其他縣市，讓來訪的旅客稱羨不已，並獲選為適合國人居住的環境之一，這一切的福報，更該好好珍惜。然而看到有些不知珍惜擁有的人，奢侈浪費的習性腐蝕著社會，虛度寶貴的生命，只能歸咎他們沒有體驗往日貧窮困苦的經歷。如今五、六十歲以上的金門人，所熬過貧窮的日子，是現代年輕人無法想像的，許多人以為那是天方夜譚。今天處在政治不穩定局勢裡，經濟成長下降，失業率升高，社會道德價值混淆，行為的失序層出不窮，根本無法預測的未來，哪能指望會有更美好的明天？

這些年來過於重視經濟成長而忽略人文精神的陶冶，人常被物質享受所蒙蔽，受外來誘惑而無法堅定其心念，等犯了罪過時才覺悟已經太遲了。我們總是犯了「苛求別人容易，反省自己的缺點卻很難」的通病，用各種方式批判他人，不懂嚴以律己，迷失自己而不知，個人若能潔身自愛，從自我修行上提昇心靈的境界。記得昔日求學時必須背誦朱子治家格言、昔時賢文及熟悉國民生活禮儀規範；國中與高中時代極為重視中國文化基本教材，通曉四書五經的內容；戰地政務時期規定所有公教員工參加四書講座，這一切有助提升人文素養。如今這些作法似乎成了歷史，講授這些課程被誤認為是古董文化，年輕人聽得進去嗎？只能感嘆時代文化不同了。

國內知名的鄭石岩教授經常巡迴各地演講有關個人修養方面的議題，他結合禪學的智慧和心理學的知識，發表許多著作和具有參考價值的書籍，針砭現代社會的問題所在，值得大家閱讀學習。最近一再呼籲教育當局應重視道德教育，並加入現行的課程，以扭轉道德沉淪的困境。因為當所有基本禮儀規範不見了，道德教育無以遵循，勢必造成社會亂象。

道德價值觀念涵蓋層面廣，提升人文素養非一朝一日可改變的，要改變社會惡習也非一蹴可及，必須經過長年教化累積而來，並從每個人的修養做起，健全家庭組織結構，再延伸至各個層面，營造一個祥和的社會。正值社會混濁之時，你我必須省思，認清生命是無價的，不僅尊重所有的生命，更珍惜自我的生命，讓生命的光芒發揮到極致，秉持著無私無我奉獻自己，盡情完滿地活過每一天，讓這個世界充滿希望。

二〇〇五年三月二十一日　載於《金門日報》浯江副刊

閱讀是教育的靈魂

前教育部長曾志朗大力推動兒童閱讀時曾提出的一句名言，如今重新檢視一下，切實有其真正的含義。身處在知識經濟的時代裡，面對全球化的浪潮，每個人即使不是知識份子，也將成為知識工作者，尤其是今日在電視、電玩和網路所構築的聲光世界中，孩子與書本的距離卻越來越遠了。

近年來各國所推動的教育改革，把推廣閱讀風氣、提升閱讀能力列為重點，甚至識字率或閱讀能力在全球名列前茅的英國、日本、芬蘭等國都紛紛發起全國閱讀年的活動，塑造良好的閱讀環境。如今我國正在推動九年一貫課程改革，也正是打造一個良好的閱讀環境的時候。眾所皆知，閱讀有助激發學生創意力及想像力，提升自我學習能力，有益邏輯思考，閱讀等於是開啟了一扇通往世界的窗。

目前教育部推動焦點三百閱讀計畫，目的在提升偏遠地區語文能力，拉近城鄉差距，學校正積極推展這項閱讀運動，無疑是自小培養孩子閱讀習慣，把閱讀視為一種怡然自得的樂趣。學校在硬體的改善儘量符合學生的需要，開闢閱覽的空間，希望透過全體師生的努力，以成立讀書會等方式，鼓勵學生分享閱讀的經驗，養成學生閱讀的興趣，將校園營造成一個良好的閱讀環境，處處充滿了讀書聲。

家長如何引領孩子進入閱讀的世界裡，才是最重要的關鍵。從小陪著孩子上圖書館或上街逛書店，去感受書的氣息；每天撥出十分鐘為孩子說故事，也增加親情的關係；陪孩子上網瀏覽閱讀的好站，或給孩子選幾本好書，尋找親子閱讀新泉源，建立孩子的閱讀能力。因為有愛書的大人才有樂讀的孩子，大人協助越多，孩子自然越容易在快樂閱讀中，找到未來的夢想和希望。

根據《天下雜誌》對全國所做的全民閱讀大調查，民眾每天讀書的時間平均不到一小時，值得大家省思。尤其我們看到今日的社會，排滿了交際應酬的時間，就是排不出時間陪孩子讀書。從問卷調查中發現大學生多數鮮少閱讀古代的經典文學，難怪語文能力低落，許多人總以為讀好教科書就好了，那是狹隘的想法。

人生要涉獵的知識是無窮盡的，要幫助孩子學習必須從根本的背景知識建構做起，人類的科技進展神速，我們總是不斷地推翻以前舊有的知識，建構新的知識。所以，學校要教的並不是知識的本身，而是教學習的方法，因為知識是會被推翻改變的。洪蘭教授曾說過：神經愈刺激，聯結愈緊密，神經發展在十二歲以前完成，所以家長必需多給予孩子必要的刺激，幫助神經的發展，要去創造孩子自主學習的情境與動機。

現任研究院副院長曾志朗在去年的教學卓越獎頒獎典禮中，一再強調閱讀不僅讓自己的腦袋更靈光，也增強人的體能，讓人充滿活力。他曾參加德國學術研討會中，與會的學者一致推崇「閱讀」的益處，帶給人無限的生命力。

二〇〇五年一月十日　載於《金門日報》浯江副刊

睿友學校話當年

碧山人提起睿友學校莫不引以為傲，在這學校讀過的學生遍布在教育界及政壇，都頗有成就，讓碧山的子民揚眉吐氣，睿友學校不但嘉惠本村學子，連鄰村的子弟都來就讀，造就了無數的學子，如今多少人心存感恩，感謝睿友先生回饋家鄉的貢獻。

提起這所學校的由來，由陳睿友先生創建，幼隨舅父赴南洋謀生，開設「金和美」商號，經營有成，積資辦學，造福家鄉子弟，委託陳德幸先生籌建，耗資銀元兩萬元，校舍規劃有禮堂、教室、宿舍、升旗台、運動場，佔地約二十公畝，學校於民國二十五年竣工，並聘請廈門師資前來授課，招收本鄉及鄰村子弟就讀，成為金沙地區少數私人創辦的小學。

我曾經在睿友就讀，那時是國民教育階段的小學，砲戰過後，翌年的夏天就讀一年級，只設立一個分班，我們讀了兩年，設備簡陋，第三年才有三山國校的設立，學校空間太小，四年級併入安瀾國小，五十年代借給三山村公所作為辦公處，直到民國七十三年才收回。雖然只有短短的三年，卻印象深刻，如同長慶兄那一首〈阮的家鄉是碧山〉詩中寫的意境，聽蟬鳴、捉蟋蟀、灌土猴，兒時的玩樂情景浮現在眼前。

睿友學校校友多數擔任公教人員，遍布山后、山西、東西山前、東店、東珩、田埔、大地等村落，當時就讀免收學費，曾接受陳嘉庚的經費補助，辦學環境相當良好，校長聘任十分嚴謹，在二、三十年代可說是破天荒之舉，直接影響碧山的風氣，人才輩出，建立優良學風。

從主體建築的山頭上有國旗及國民黨旗，可看出僑胞愛鄉愛國的情懷。山頭的頂端有地球的裝飾，具有世界大同的理想。如今我們緬懷睿友的後代對教育的貢獻，常懷感恩之心，回饋故鄉的子弟，讓睿友的精神源遠流長。

二〇〇六年十二月一日　作品

南洋紀行

金門宗族文化協會受馬來西亞砂磱越及柔佛州金門會館之邀請，參加該會館週年慶及會館落成典禮。因此協會在一、兩個月前開始籌組慶賀團前往事宜，並藉以宣導編修族譜工作，協助華僑鄉親尋根活動。自小常聽說族人「落番」奮鬥的故事，敘述南洋客返鄉的盛事，想像中的南洋是多麼地富有，二十年代匯款興建番仔樓的盛況，籌錢興學等，讓金門人津津樂道。這次總算能赴南洋探個究竟，藉此連絡僑親感情。

一行二十餘人自高雄搭機，經三次轉機才到達砂磱越的古晉市，當地鄉親組團迎接，派專人接待，為期三天的膳食都是會館及親戚熱情的招待，尤其是籌備會會長夫人用道地的金門菜招待我們，讓我們備感溫馨。十五週年慶祝大會上，本團備受注目，籌備會會長致詞時敘述先人開拓的艱辛，特別強調金門蕃薯的繁衍精神，華僑的心永遠與金門聯在一起，台上布置了一句「露從今夜白，月是故鄉明」道出了旅居在外思鄉之情。

來自台北、高雄及南洋各地同鄉會都組團前來祝賀，讓慶典增色不少。在宴會言談中知道華文學校在馬來西亞不被重視，高中畢業學歷不承認，升大學很多到台灣來就學或留學外國，歷經許多困境才學成回國；並論及僑親在當地奮鬥的辛酸史，令人感動。

出國參訪可增廣視野，探訪民俗風情，擷取他人優點，作為自己改進之參考。在三天的拜會活動滿載而歸，從往來的車輛穿梭不息，車行林立，可見當地生活富裕，非一般人想像那樣的貧窮落後。當我們遊覽市街，沒見到電玩店及網咖的設立，找不到遊手好閒的人；路上看不到警察四處巡邏或指揮交通，交通秩序依然順暢；門窗也少見防盜裝置，顯見當地治安良好。

自砂磱越搭機抵達吉隆坡，再前往巴生金門會館，此會館歷史悠久，僑親特別多，最富有的僑領楊忠禮自此地發跡，橫跨多種行業諸如建築、旅遊、電子、電力、交通等，事業有成，是位典型奮鬥成功的例子，他的回憶錄寫著，堅持「誠信」、「勤儉」理念，才有今日的輝煌成就。

新加坡雖然是個小島，資源欠缺，自獨立以來，從煉油、加工出口、金融中心的設立、發展觀光旅遊、港口轉運等，不斷創造經濟奇蹟，建立成為亞洲知名的大城市。看到清潔的市街，人民的守法，交通井然有序，犯罪率極低，不愧為美麗的城市，實在可供我們借鏡。

這次來的最大原因是本村一位旅居馬來西亞柔佛州的陳成龍鄉賢，他擔任金同廈會館會長，正逢新建會館成立，前來祝賀之意，並會見在此地的鄉親，協助尋根事宜。尤其陳會長在馬來西亞從事建築業，成就非凡，從小不知祖先來自何處，於世界金門日返鄉時，在金門宗族文化協會協助下才獲得答案，終於達成多年的心願。

這些年來頻繁參與金門宗族文化協會活動，在台灣、澎湖等地辦理了多場族譜展覽，以這次赴南洋為最遠的行程，深切體認辦理這樣的聯誼意義重大，雖然往返辛勞，但已做出一些具體成效，讓僑親深一層認識家鄉，新一代僑親樂意返鄉省親聯誼，這也是符合本協會設立的宗旨。

二〇〇五年十一月五日　作品

營造一個溫馨的社區文化

——赴台參加社區觀摩感想

參與社區鄉里事務已有數年，並被聘為金沙社區發展推動委員，這次第一次參加赴台觀摩優良社區的活動，有機會走出去參觀一下，多學習他人的長處，實在獲益良多。這次特地拜訪幾個社區的總體營各具特色，如桃園南榮社區、宜蘭林美社區，均獲得全國評鑑績優前三名，讓全體團員驚訝不已，透過雙方交流活動，分享寶貴的經驗，作為我們推動社區營造最佳的示範。

出發前因缺乏參訪的訊息，以為是禮貌性的拜訪，直到進入台北縣泰山鄉的文化生活館，陳列完整的成果資料，讓大家驚訝不已，鄉長親自接待，從豐富的簡報中可了解李鄉長八年內推動社區文教建設，終於開花結果，呈現在我們的眼前。他們推動的社區總體營造的成效，已達到「造人、造產、造景」的目標。

我們看到社區組織健全，組合志工再教育，整合社區教學資源，成立鄉民大學，開課以居民需求為導向，達到終身學習的理想；落實關懷弱勢，如與老伴踩街活動、小太陽兒童生活成長營、北管研習營、醒獅研習營等，屬於照顧老人及中輟生的輔導，成效良好。造產方面以振興娃娃文化產業，重塑「芭比娃娃」故鄉的歷史文化，發展手工藝產業。造景方面則重修古蹟，如頂泰山嚴、明志書院、溝仔墘老街的整修，自然生態公園及文化館的建立等，提供休閒遊憩場所，增加地方觀光事業發展。

第二天由台北直奔宜蘭的林美社區參觀，聽過簡報之後很明顯看出他們在社區資源回收的績效良好，社區雖小，四年內共獲得一百五十餘萬元的財源收入，是一筆重要的財源，作為獎學金及活動經費；在綠美化工作也多次榮獲全國性的模範社區等殊譽，並開闢自然生態步道，紀錄生物種類，讓社區民眾多一個休閒的好去處。此外發展當地金桔水果加工業，增加社區財源收入，真正做到社區福利化的目標。

我們又參訪桃園蘆竹鄉的南榮社區，該社區以公共設施、生產福利、精神倫理三個面向去推動，以定期出版期刊宣揚各項活動成果，巡守隊守望相助最為凸出，各項活動具體落實，成效卓著，以「逗陣打拼，永續經營」的理念，打造一個充滿活力的社區。最後參觀三重市鉅資興建的小巨蛋體育館，具有多功能利用價值，從簡報看到李乾龍市長為洗刷國人對過去三重人的不良印象，積極辦理藝文活動，期望提升居民文化素養，設立五問圖書館供民眾借書，並辦理各項文藝展覽活動以及邀請專家演講。

綜觀以上所見社區營造，組織健全，志工人數眾多，全力以赴，樂於付出，才有美好成果；社區經費來源懂得開源節流，才能永續經營；重視弱勢族群的關懷，人溺己溺，扶持弱小，減少青少年問題發生，降低社會的成本；生態環境教育也是社區規劃的重要項目，列為重點工作，各社區印製精美的期刊及簡介，讓外界有深一層的認識與了解。

反觀金門地區在社區規劃上不夠周詳，參與人數不太熱絡，因此活動很難達到預期的理想，辦理社區活動大多偏重物質的給予，忽略精神文化的薰陶。參與的志工橫跨各種不同的組織，只掛個志工名稱，難以發揮專職功效。我們先天的條件及財源皆優於台灣省各縣市，唯有人口數太少，未來應以策略聯盟來辦理各項活動，以達到預期的目標。在社區教育方面多做家庭教育的宣導，讓社區的人們自發性的走出來參與活動，讓親子互動更加緊密。現今社會教育出現缺口，需要更多的志工人員投入輔導，譬如參考泰山鄉的小太陽輔導計畫，積極輔導中輟生問題，讓行為偏差的青少年得以改正，發揮正面輔導功能。

從參訪各社區的表現可證明事在人為，鄉鎮首長引領正確的方向，擬訂具有前瞻性的規劃，地方民眾能具有共識配合，美好的社區指日可待。目前政府正推動「六星計畫」，培育社區基層幹部人員，正是推動的大好時機，若以鄉鎮為區域聯盟，發揮各社區獨有的特色，相信未來將可營造許多溫馨和諧的社區環境，讓金門成為永垂不朽的健康快樂之島。

二〇〇五年十二月三十一日　作品

旅遊札記——九寨溝八日遊

出發

盼望多時的大陸行，歷經多次波折總算敲定了，這些年來一直忙於學校的工作，難得有空出外旅遊，現今的人重視休閒旅遊是有其必要，適度調劑身心，有益健康，可以增進工作效率，舒緩身心。

上午搭乘東方之星號客輪，短暫的海上航行，登上廈門和平碼頭，快捷的通過海關。搭乘遊覽車在環海道路行駛，映入眼簾是筆直的公路，加上兩旁的花草樹木整齊美麗，白色的沙灘，遊客優遊其間，真讓人稱羨。

從廈門高崎機場飛往成都的雙流機場，看到機場建設規模宏偉，出入的遊客川流不息，顯示該地航空業發達的景象。夜宿歷史悠久的成都市，這兒的茶館特別多，為了順應市民需要，許多改為麻將館，據導遊稱現今的成都人重視物質的享受，晚上大部分人往遊樂場所消費，好逸惡勞的習性成了風氣。

成都懷古

清早起來，原以為天亮了，因時差的關係，天色仍然灰暗，走在寬敞的道路上，心情十分舒坦，早起的人們紛紛往戶外運動，擁有三百萬人口的成都市，已顯出十足的進步，高樓林立，處處見到人群川流不息的景象。上午來到成都西郊杜甫故居——「草堂」，因避安史之亂流寓成都結廬而居，進入幽靜的小徑，一股懷古之情油然而生，展示了當年留下的遺跡，距今有一千三百多年的歷史，十分珍貴。接著參觀為紀念三國蜀漢丞相諸葛而建的武侯祠，可見四川人對諸葛亮的懷念，遊客絡繹不絕，三國時代的故事充滿了傳奇，家喻戶曉的《三國演義》深植每個人的心。

下午自成都都飛往九黃機場，從窗口鳥瞰群山，延綿不斷的山脈，一會兒看到雪白的山頂，一會兒白雲朵朵，變化無窮，從小住在小島很難感受高山的情境。出了門才覺得自己的渺小，天地之大用筆墨難以形容。

天然奇觀

遊九寨溝是這次旅遊的重頭戲，一大早來到入口大門，已擠滿了遊客，難得見到井然有序的隊伍，等著遊覽車的接送。九寨溝是列入世界自然遺產保護區，旅遊旺季時，每日萬餘人進入參觀，溝中自然景觀殊異，奇溝、海景、樹影、瀑布、彩池讓你看不完，清澈的湖水，讓人驚艷，珍珠灘的瀑布氣勢非凡，遍野都可看到不同種類的花朵，自然地綻開著，是得天獨厚的氣候賜給這兒的子民，也吸引世界各國的旅客前來觀賞。

晚上觀賞了藏羌族歌舞晚會，各式巧奪天工的服飾，令人賞心悅目；那高亢的歌聲，輕盈的舞姿，永難忘懷，感佩邊疆的少數民族都具有如此的才藝，在歡樂之中忘卻了今日的勞累。

人間仙境

今早往九寨溝附近的景點，來回的行程約一百公里，經過無數的彎道，環山而上，到達三千公尺以上的山頂，沿途看到為了開闢道路，砍伐無數的杉樹，破壞原有的自然生態，令人惋惜，環保與經濟效益難以取得平衡。來到神仙池的確不同凡響，以神泉及瑤池的景觀最為特殊，金黃色鈣化而成的地表，令人稱奇。返回的途中，路面坎坷，道路狹窄，走了三百多公里的路程，倦意已寫在每個人的臉上，走完這段險峻的路程，令大家捏了一把冷汗。

天府之國

看了李冰在兩千多年興建的水利工程——都江堰，造福了千萬成都平原的百姓，當地人視為川主大帝奉祀。這項偉大的水利工程，也令外國專家為之欽佩，把岷江的水截流分為內外江，內江的水供平原灌溉之用，外江則為調節洪水的功能，因此百姓免於飢荒之苦，才有「天府之國」之稱。岷江上昔日的漁火，今日不復見多情的男女在江邊對唱。

在臥龍看到列為保護的熊貓，正啃食著箭竹，一副懶洋洋地趴著，缺少動物那股威武氣概。在遊客的人群中，很容易辨識出台灣的旅客，從人的體型胖瘦，一眼就認出來，參觀過程中最令我噁心的是那隨地可見的痰，缺乏公德心大概是中國人的通病，想革除惡習真難，唯有從教育做起。

道教聖地

清晨的天色灰濛濛，都江堰的氣候宛如四月天，住在這裡的飯店像是住在皇宮一樣氣派，大廳布置豪華，讓人想多拍幾張照片留念，深深感到大陸的旅遊建設進步神速。搭遊艇、坐纜車才登上道教的發源地——青城山，古木參天，山巒疊嶂，素有「青城天下幽」之稱，東漢末年張天師曾在青城山降妖伏魔，修道成仙並創立了五斗米教，如今成了世界文化遺產保護地。

四川的吃極為有名，麻辣火鍋讓人的眼淚、鼻水、汗水直流，晚上安排川劇的觀賞，以變臉、吐火、滾燈為噱頭，堪稱世界一絕，唯場地設備簡陋，效果欠佳。四川的文化歷史悠久，許多傳統的絕活在當地不斷的延續著，因成都平原的富庶，才有所謂的「天府之國」。

萬石山公園

自成都搭機返抵廈門，驅車前往萬石山公園，這裡特別規劃亞熱帶植物區，共栽種數千種植物，林木繁盛，範圍寬闊，山上有四間古寺，曾經來過幾次，早起登山的人群絡繹不絕，山中的岩石和植物群落，與太武山上相同，如正在開花的野牡丹、小葉赤楠、山杜鵑、石斑木、海桐等到處可見，推想早期金門與廈門是連在一起，由於地殼變動造成兩地分開。金門與廈門一水之隔，早年雙方互動頻繁，雖然分隔五十餘年，生活習性至今很少改變，閩南鄉音接近，見了廈門人格外親切，是讓金門的鄉親喜歡到廈門遊覽的原因。

鼓浪嶼風光

搭乘渡輪前往鼓浪嶼，人潮像潮水一般湧入船艙，不論何時來觀光，總是如此，由於島上崗巒起伏，林木茂密，風景如畫，素以「海上花園」的美稱享譽中外。觀光業十分發達，洋樓林立，最具特色，我們進入私人的菽庄花園，傍山臨海，園內格局特別，吸引無數的觀光人潮。在海洋世界館看海豚及海獅的表演，進入海底水族館，觀賞那奇形怪狀的海生動物，宛如上了一堂生物課。遊了幾個景點後再返回廈門市，這回旅行到此劃下了句點。

二〇〇五年八月十五日　作品

台北知性之旅——赴民權國小交流

一大早，備好行李前往機場，和台北市民權國小姐妹校作為期四天的交流活動，出發前最擔心受天氣影響而延誤，一行三十八位師生順利搭上立榮班機來到台北，吳國基校長親自帶領師生前來機場迎接，熱情地為我們這些來訪客戴上花環，備感溫馨。對遠從金門鄉下來的小朋友，進入了大城市，臉上表露一種羞澀含蓄的樣子，無法開朗起來。

學校離機場只隔一條馬路就到了，只見學生列隊歡迎，管絃樂隊奏起了歡迎曲，讓我們有賓至如歸的禮遇。吳校長致歡迎詞並親自簡報，大家對學校有了初步的了解，在吳校長的領導下，展現學校近年來發展的特色及成果，令人刮目相看。到了中午，家長會特別為我們設宴款待，享受了一頓豐盛的美食。接著驅車前往淡水紅毛城參觀，擁有三百七十五年的歷史建築，是西班牙人建造作為港口防禦工事，居高臨下，極為險要，至今保持十分完整，列為一級古蹟。在解說員詳細地導覽下，對紅毛城的歷史演變更清楚了。接著走進漁人碼頭，視野遼闊，漫步在河岸木棧道上別有一番情趣，享受兩岸怡人風光，只可惜不見夕陽晚霞的美景。

第二天來到兒童育樂中心，這兒是昔日的動物園，目前開闢為兒童遊樂的地方，也是小朋友最喜歡的遊樂場所，太空劇場放映科技性影片，各式各樣遊樂設施吸引著每位小朋友，大夥玩得捨不得離開，吃完披薩午餐，又從圓山搭捷運前往木柵動物園，讓大家體驗搭捷運的方法，感受台北捷運帶來的快速便捷。今天是週末，旅客特別的多，最怕落單，這一群像是急行軍似的，上上下下，換了兩次不同線的列車，順利抵達動物園。看到絡繹不絕的遊客往動物園前進，小朋友最愛看的還是無尾熊及企鵝。園區範圍廣闊，在解說員的引導之下，獲益良多，繞完一圈已近黃昏，大夥露出疲憊的臉色，結束了今天的行程。

隔天早上來到民權國小與該校小朋友會合，繼續今天的行程，前往士林官邸欣賞美麗的花園，認識許多不同的花卉，優遊在花叢中，放鬆一下自己。鄰近天文科學館，由於姊妹校妥當安排，讓我們能搭乘軌道車進入模擬的太空中探險，體驗太空人歷險的經驗，是最為刺激的項目，在幽默的解說員引導下，真正上了一節最佳的天文課。難得看到天文館內部展示的標本資料，內容豐富，是市區小朋友最好的教學資源，讓離島的小朋友羨慕不已，因為參觀的機會不多。

接著上陽明山賞花，正好花季剛開始，櫻花、桃花、杜鵑花、茶花四種正在盛開，雖然天空下著雨，也難擋遊客賞花的興致。在遊客中心觀賞陽明山國家公園簡介，了解公園內豐富的生態資源，以及火山特有的景觀。之後我們繞著小道賞花，雖然在雨中撐傘行進，更加深每位遊覽者的印象，回到童子軍活動中心，那是我們今晚住宿的地方。

這一晚特別為我們設宴歡迎晚會，他們動員了許多同仁佈置參與，發揮團隊的力量，是我們學習的好榜樣，令人感動。大家邊吃邊唱卡拉ＯＫ，在最佳主持人張老師的帶動之下，歡樂氣氛達到最高點，紓解這趟旅遊的辛勞。室外風雨交加，這份濃情溫暖我們的心，畢生難忘的回憶。

最後一天安排參觀國父紀念館，民國五十四年動工，歷經七年才完工，氣勢宏偉，我已有二十餘年沒來參觀這裡了。館方知道我們是從離島來的小朋友，特別安排三位解說員為我們導覽，並贈送每位一份紀念品。參觀全國最大的演藝廳，氣派非凡，讓每位小朋友坐在座位上感受臨場氣氛，走訪各樓層展示館，該館如此豐富的藝文內容，是最佳的社區資源。

小朋友難得見到館內更換執勤憲兵，熟練的操槍動作，紛紛聚精會神的注視，並與他們拍照留念，這時參加學校為我們舉辦的音樂表演時間已快到了，當我們趕到會場，所有樂團及小朋友響起了歡呼聲，接著演唱兩校校歌，一曲曲悅耳動聽的交響曲演奏有如成人的架勢，可見平日辛勤的練習，才有如此的成績，讓大家享受音樂的饗宴。

本校與民權國小於民國八十八年締結為姊妹學校，七年來兩校的感情歷久彌堅，透過交流互訪，豐富了兩地小朋友的情感與心靈，建立持久的友誼，讓每位參與的小朋友有一個美好的回憶。雖然校長及老師們苦心策劃，但是具有實質意義，可以學到許多平日生活上不易獲得的新知。這次感謝姐妹校精心的安排，熱情地招待，圓滿結束四天知性之旅，依依不捨地揮別民權國小師生，帶回滿載的友誼，相約明年再見。

二〇〇六年三月一日　作品

廈門國際馬拉松比賽

從教育局同仁口中轉達許場長徵詢我要不要赴廈門參加馬拉松比賽，乍聽之下似乎難以想像，平時只靠爬山的運動項目，一下子要跑五公里的路程的確有點困難。經過一番深思，總覺得錯過這樣的機會太可惜，毅然就答應參加了。距離比賽時間不到一個禮拜，急忙辦理出入證件，於三月三十日早上搭乘新金龍號在茫茫大霧中啟航，整團約六十人，在李局長的帶領之下，身穿金酒公司贊助的藍色運動服裝，顯得生氣蓬勃，氣勢如虹。

廈門國際馬拉松比賽已進入第五年了，今年參加人數比起往年多，共計兩萬五千人參與，來自四十九個國家選手，分馬拉松全程四十二公里、半程二十一公里、十公里及五公里四項賽程，動用的工作人員不計其數，在十二家廠商贊助下，規劃得十分周詳。在廈門國際會展中心前廣場集合，沿著美麗的環島路進入市區，最後再返回國際會展中心終點。

這一天一大早起來便登上遊覽車開往國際會展中心報到，早餐也在車上解決，七點不到，已湧入大批的選手，身穿黃色及綠色的T恤，各排在不同組別的起跑點上，摩拳擦掌，躍躍欲試；司令台上女主持人帶動唱，活動一下筋骨。接近八點時由廈門市長主持開幕，致詞時感謝各國派代表參加此次體壇盛會，讓大會增光。

接著鳴槍起跑，只見人山人海往前移動，當我們五公里開始跑時，人潮已綿延數公里長，環島路兩旁排滿了圍觀的觀眾，吶喊著加油聲，今年看好大陸隊奪標希望。我們這一組不分男女年齡大小，看到白髮蒼蒼的老先生加入，也有國小學齡兒童參與，可稱是全民體育，參與的熱度不亞於大陸。廈門市投入的人力物力十分可觀，大會辦得相當成功。

金門是發展長跑的好地方，歷年來有多位好手傑出表現，如許績勝成名於國內馬拉松比賽，若將長跑列為一項全民參與的運動項目，每一位都成為長跑的高手，可發展地區的特色。金門國家公園每年也舉辦健康路跑，大約三千人參加，未來可結合縣政府擴大為國際性比賽，打響金門的知名度，帶動國際遊客前來觀光，不失為促銷旅遊的好點子。

廈門每年舉辦此項國際性比賽，湧入大批觀光客前來遊覽，提升廈門市的國際地位，帶動旅遊事業發展。有幸參與此次運動盛會，除了本身是參賽選手，最重要的是見證了大規模比賽場景，吸取更多的寶貴經驗。

二〇〇七年四月一日 作品

心中有愛，教育無礙——國教輔導團參訪錄

教育的旅途上總不能原地踏步，必須抱持終身學習的理念，不斷追求自我成長，才能符合時代的需求。規劃多時的國教輔導團赴台學習之旅終於成行了，有少數團員因進修或公務無法同行而作罷，在金湖國中吳校長精心的策劃下，順利啟程了。十餘年前擔任數學輔導團員曾參加一次，已有十年沒有參加這樣的行程，這次臨時充任為本團的團長，心中祈求所有的行程能圓滿達成。本團預計拜訪七個國中和國小，並與該縣市輔導員經驗分享，因此拜訪時間十分緊湊，這是一趟知性之旅，參觀的學校大多是榮獲教學有成的優質校園，讓所有團員拭目以待，希望滿載而歸。

首先拜訪台北市內湖區麗湖國小，北市教育局洪主任督學及李科長親自歡迎我們，真摯的接待，讓大家感受賓至如歸。這所剛成立兩年的新建校舍，建構成一個充滿「歌聲、笑聲、讀書聲」的學習樂園，邁向「卓越、親和、人文」的二十一世

紀的新學校。規劃校園生態學習步道，處處是學習園地，是綠色校園的典範。因應不同學生的需求，設計豐富多元的才藝和體能等社團活動，使學生皆能依自己興趣、性向發展個人專長。重視班群空間的利用，在獨立的三層樓空間裡，只有四班幼稚園的活動場地，讓我們羨慕不已，不愧為優質校園。

接著驅車直奔桃園縣西門國小，該校曾校長以企業管理治校，在人力規劃上有一套特別管理法則，如教師以評鑑方式產生優秀教師，避免引起許多人事上的爭議，促進同仁的和諧氣氛，作法值得借鏡。在推動教學創新也有獨特的表現，屢獲佳績。穿過一條馬路之隔就是桃園國中，從徐校長的簡介中了解校長治校的用心，化腐朽為神奇，改變校園風貌，推動品德教育有成，營造溫馨的校園文化；在發展體育運動方面也克服場地的限制，在全國競賽中屢創佳績。

第二天冒雨抵達新竹市光武國中，該校發展主題教學頗有績效，曾獲得教學卓越金質獎，林主任暢談主題教學實施的歷程，他認為國中階段缺乏體驗課程，只重視升學，於是突破傳統思維，嘗試新的挑戰課程，如溯溪、登山探索等活動，融入生命、環保、童軍等教學設計，教學內容多元豐富，學生的基本能力測驗成績反而提升。苗栗縣山佳國小是新建的校舍，人文的建築風格，造型塑造豐富的人文意象；是一座綠色的永續校園，營造快樂的學習空間，如規劃生態水池與親水系統，滿足學童親水的天性，開放的學習角落，讓學童自由發揮潛能；提供師生參與創作的校園環境讓師生共同創作，如造型牆面、地坪鋪面、彩繪空間及裝置藝術的空間等，讓師生留下美好的記憶。

因天氣不佳，偏遠的蓬萊國小本預定取消，後來也如期參訪，該校是塞夏族母語評鑑績優的學校，利用社區資源建立工藝教室，發展手工編製品，保存原住民傳統的特色。順道參觀南庄的老街，正好遇上同一期校長班的同學，相見甚歡，便就近參觀該校環境，算是意外的插曲。接著直奔台中住宿，以備明日科博館的參觀。第三天可稱是探索之旅，館內在莊文星博士的引導之下，進入未公開的館藏珍品，看到了地球上所採集的化石、寶石，琳瑯滿目，令人嘖嘖稱奇。大家在莊博士詳細的解說下，上了一課生動的地質學

返回的行程又到達苗栗的雪霸國家公園遊客中心，欣賞多媒體簡介，初步了解公園內的生態環境，並瀏覽取材豐富的圖片，才了解這裡的生態環境保存十分完

整，蘊藏著豐富的森林資源。在解說員的解說下，體認今日環保的重要性。晚上則夜宿台北市，並與金門鄉親相聚，備感親切。

最後一天安排兒童育樂中心，團員試著當兒童排隊搭乘遊樂設施，回憶兒時遊戲的情趣。房主任親自接待，正好遇到該中心扯鈴隊訓練，為我們表演一場精采的扯鈴運動，他們很樂意支援離島的小朋友，協助辦理民俗才藝活動。中心特別安排一部藍色的珊瑚世界３Ｄ影片，享受高水準的聲光效果。參觀科學館動手做做看，具有優異的教學效果，是最適合小朋友參觀的地方。下午參訪敦化國中，位於台北市精華地區，擁有堅強的教學團隊，孕育了優質的校園文化，締造了精緻、卓越、亮麗的成果，各項對外競賽大多名列前茅。結束最後這一行程便前往機場搭機，順利返抵金門。

經過四天的參訪後，內心感觸良多，首善之區的台北市在軟硬體上毋庸質疑，是我們望塵莫及的。桃園縣政府這幾年來對教育投入的心力與經費，各項成績十分亮麗，如建置數位化學習環境、成立社區大學、設立新移民學習中心等，已有相當成效。所有拜訪的學校校長皆為擅長領導知能，具有真才實學，個個都是規劃校園的高手，特殊的空間規劃，推展永續校園，多位曾獲校長領導卓越獎，表現非凡。參訪的學校大多重視生態環境的建置及人文的建築風格，強調閱讀的重要，校園充滿書香氣息。

回顧金門地區教育，現有的硬體設備已相當完備，唯有軟體應加強，教師的研究風氣亟待提升，改變固執的心態，朝向創意教學邁進；行政上應打破傳統官僚體系的思維，勇於創新，並做好行政管理；校長應慎選具有教學及行政領導能力的人，才能帶頭引領同仁向前邁進；為增進學生視野，擴大城鄉交流互訪，消弭城鄉差距；校園規劃應重視生態資源，開闢教學步道，積極建置數位化學習環境，達到永續校園的目標。只有多擷取他人長處，以彌補自己的短處，以創造更美好的金門教育。

二〇〇七年六月二十五日　作品

金同廈尋根探源之旅

金門宗族文化協會受廈門姓氏源流研究會的邀請，利用暑假組團前往交流，經過兩會精心策劃下，探訪二十餘個景點，其中大多是金門歷史先賢的遺跡。兩岸因政治因素分隔五十餘年，這次組團交流可稱破冰之旅。在資訊日益發達之今天，金門已漸漸褪去過去戰地之神秘面紗，加上大量譜牒文獻之湧現，讓人對金門先祖入墾開拓歷史有著更深刻之印象，因此我等金門宗族文化協會成員，有一股殷切期盼的使命感。雖然冒著酷熱的炎夏，終於完成五天踏察活動，滿載而歸。

這次行程大多由黃振良老師規劃，在前同安文化局顏立水局長特別引導解說下，讓大家受益良多，與廈門、晉江等姓氏源流研究會座談，可看出大陸近年來開始重視修譜工作、廣建祠堂，參與的學者專家頗多，如廈門、集美等大學教授加入，文化界先進投入無數的人力物力，去探究各姓氏源流，並且建置完整的資料庫。因為文化大革命時期搗毀無數的文物古蹟，現今迫切需要重新建立，探究各村落自何處遷居繁衍子孫，以及華僑如何移民海外等。

金門自宋至清，八百多年來屬同安縣轄地，因而民間有「無金不成銅」之說，這種密切的關係是透過家族徙居、科舉、通婚、貿易、信仰等形成。據金門誌記載，明嘉靖三十九年倭寇侵佔金門，因此島民不斷往同安縣城遷居，並沿用金門祖籍地的名稱，如陽翟、呂厝、沙美等，甚至用浯江衍派為堂號。明清兩代金門人赴京考取進士舉人，不勝枚舉，由於當時同安為全縣政治、經濟、文化中心，因此同安境內遺留的宅居、墓葬、牌坊、碑刻等文物古蹟，如許鍾斗雙冠南宮，文章蓋世；蔡復一經略西南，節制五省；蔡獻臣高風亮節，詞藻過人；陳健三郡岳伯，一代清官。明萬曆十七年蔡獻臣與金門同鄉蔡懋賢、蔣孟育、陳基虞、黃華秀為同榜進士，人稱「五桂聯芳」，並與蔡復一、許獬、盧若騰合稱「金門四秀」。這些先賢們遺留下來的珍貴史實，有待金門學者專家進一步研究。

我們走訪陳健的故居，這座明代古建築規模宏偉，用材十分講究，石板、紅磚、杉木都是從泉州、漳洲等地採購，號稱「九十九間」，歷經四百多年的滄桑，這座古老的大厝雖然保留著當年的風韻，如今已是千瘡百孔，不見修復，不禁令人嘆息，印證創業維艱，守成不易的道理。到達南安官橋鎮參訪蔡資琛古厝群，十六棟精細石雕及木雕，每幅皆為工藝佳作，令人嘆為觀止。另一處為陳健的後裔，創業有成，於清朝末年在海滄名為蓮花洲的小洲上，由宗祠、學堂、居所構建成完美的田園聚落，稱之為「蓮塘別墅」，精湛的磚雕堪稱為福建之最。可惜遭受破壞嚴重，受限於經費補助困難，也求助海外華僑發聲，幫他們反映爭取修護。

拜訪南院陳太傅祠，此為金門后浦陳氏大宗祠主祀的「忠順王」陳邕，其係「太子太傅」派入閩開基之祖，為穎川陳氏入閩主要兩大派系之一。另一派系為將軍派開基之祖「開漳聖王」陳元光，未見金門有何文獻論述之。「陳邕」、「陳元光」雖皆盛唐由北而南入閩，最後落腳處皆閩之漳州，今在漳州尚有「南院北廟」之稱，南院指太子太傅派；北廟指開漳聖王派。走訪施琅紀念館、許氏宗祠、構建規模宏偉，木雕、石雕極為精緻細膩，重視宗族觀念，結合海外華僑集資匯款興建，凝聚宗族力量。

拜會晉江譜牒研究會，從出版的刊物中可瞭解該會所修的族譜頗多，內容豐富，該會成立十年，其譜牒文化源遠流長，上自唐宋，盛於明清，繼之民國，受到歷史兵災、遷徙或政治運動的影響，造成譜牒資料的流失。從一部族譜可看做一部宗族史的百科全書，透過字裡行間，讓人全面瞭解該族姓的歷史沿革、世系繁衍、人口變化、居地遷徙、婚配狀況，以及科第、官職等政治生活中的地位。從家譜中看到家訓、族規、家法等內容，崇尚忠國家、敬祖先、孝父母、尚節儉、謹言行等內容的倫理規範，以及先賢輝煌的功績，足為後世子孫學習的典範。

金門雖為一個海上小島，然而蘊含文化資源豐富，明清兩代文風鼎盛，科甲聯登，島內聚落多為單姓村落，普遍皆有宗祠興建，保持完整的宗譜，可稱唯獨僅有，從幾次族譜展覽中以展現其豐富的內涵，遠至南洋各地、台灣、澎湖以及大陸，皆與金門有密切的淵源。我們不能引為自滿，今後更應積極宣揚族譜建立的重要，喚起各界人士重視文化資產的保存，歡迎更多社會人士共同參與補修自己的族譜，認清自己來自何處，加以考證，尋根探源，更可促進社會的和諧，這項工作現在不做，舊有資料不停流失，將來想做更為困難。

這次唯一遺憾沒有安排深滬參訪，這裡是我祖先的發源地，當我們到達深滬灣瞻仰施琅的石雕像，放眼看去一片燈海即是深滬，依山臨海，歷史悠久，人口稠密，聚落內有許多古建築，可惜未安排行程前去，只待來日。十二年前族人曾組團謁祖，並參加宗祠落成典禮，受到特別的禮遇，盛況空前。

這次的行程充滿著新奇，全隊年齡平均五十歲以上，不畏酷暑煎熬，個個依然生龍活虎，發揮金門人的精神，全隊安然歸來。旅遊中嘗試了無數道同安傳統的菜餚，如回到家鄉的感覺，最令人熟悉的薄餅，即是蔡復一的夫人所發明的，每一年的清明節，是家家最盛行的食譜。這次的行程解說由前同安文化局長顏立水先生精闢的講解，獲益非淺，他在任內發現許多同安文物與金門籍先賢有著密切的關係，尤其以浯陽陳氏和瓊林蔡氏兩個家族現存的史跡最為豐富，並積極維護這些史跡免於遭受摧殘，曾經多次投稿金門日報副刊上，令大家欽佩。我們獲得許多寶貴的文史資料，提供協會研究參考，並與當地譜牒研究者建立良好的溝通管道，是此行最大的收穫。

二〇〇七年八月十五日 作品

心靈札記

校長儲訓班已結業兩年了，去年參加校長遴選意外落選，讓許多同仁及好友十分訝異，不敢相信遴選結果。其實許多外在的因素非我們所能意料得到的，雖然落選了，但只有悉心檢討自己再重新出發，最後成功才是屬於你的。

從事教育工作已有三十五個年頭，列為瀕臨退休的教育老兵。服務期間擔任行政工作至少有三十年之久，與課程結下不解之緣，在六十四年版及八十二年版的數學課程實驗，有二十年之久參與其中。民國九十二年有機會參加課程督學班訓練，因此去年借調教育局擔任課程督學職務，在我的人生規劃中是不可能的事，竟然也發生了。讓我改變一直執教鞭的生涯，可以多一層的歷練與磨練，未嘗不是件好事。

這一年裡，赴台參加的各項會議不知其數，曾擔任教育部教學團隊輔導員一年，參加無數次推動會議，因而駕輕就熟，常遇到相識的教育夥伴，交換心得，從中獲得許多寶貴的經驗，吸收更多的資訊。

國教輔導團的業務是我的主要工作重點，推動精進課堂教學能力計劃是研習的重心，一年來推展似乎很順利，但是對一般小學校負荷過重，抱怨研習太多，疲於奔命，影響教學正常化。再者本縣缺少教師研習中心設置，難以管控教師研習狀況，缺乏有系統的規劃。其實設立教師研習中心並非難事，只要尋找一個適當的地點，增加兩位人手就可以成立，如此可減輕各校工作負擔，才能有效推動教師進修制度。

金門的學校規模不大，教師數少，這幾年來推動九年一貫課程也積極投入，學校規劃的本位課程深具特色，近幾年參加教學卓越獎及標竿一百的學校也屢次獲獎，如金沙國小、金湖國小、西口國小、金城國中、金湖國中等校，值得嘉許。目前學校未實施教師專業評鑑制度，少數教師素質不齊，急需增能補強，個人研究風氣仍有待加強，教師教學檔案的建立、教學品質提昇都是持續推動的重點。

教師專業如輔導知能、班級經營、教學創新、親職教育、教學評鑑等，在教育視導工作可以端倪學校校務推展的優劣。其實學校應付各種評鑑或訪視，層出不窮，是否有實質得成效值得商榷。主管教育當局缺乏整合，各行其事，忙翻了下級單位，尤其是教育主管換了人，政策也隨著改變，也難怪教學不正常，大家拼命造假應付。再一方面品格教育被忽視，無法在基礎教育建立健全的人格，被人詬病。尤其政治人物未能樹立良好典範，少了「誠信」兩字，做為大家學習的榜樣，值得憂心。

隨著年齡增長，對教育環境差異變化，感受尤深，明顯看到學生程度的優劣、品格教育的消長、教師素質的良莠、教學媒體的進步、完善的設備，非昔日所能比，今日學子享受這麼優渥的福利，若不珍惜使用，發揮功效，枉費政府投注的物力。

二〇〇七年八月三十一日 作品

輯二

教育文集

教育改革面面觀

一年多來的教育改革聲浪爭議不休，對於教育政策批判不少，不僅社會人士加入，連一般教育界也群起反彈，處在多元的社會裡，大家都有言論的自由，但是當你在批判之時，有沒有掌握教改發展的脈絡，值得大家深思，才不落入人云亦云的漩渦裡。

回顧教育改革的推動已有十年的歷程，從醞釀、發展、研訂、試辦、審議、修訂到實施時期，歷經漫長的演變而來。當初草擬課程綱要的學者專家們與現在執行者產生很大的落差，在推展的過程中仍有一些教授無法認同改革，在許多研習場合中公然反對，讓一些墨守成規的反對人士大呼過癮，讓一些想改革者不知所措，更讓社會大眾大為惶恐不安。自民國八十七年開始實施小班教學三年的實驗，投入了十八億元的經費，並試辦兩年的九年一貫課程，此時期仍有許多學校停滯不前，存著觀望的態度，看看教改會不會失敗。當時有許多學校啟動開放教育，百家齊鳴，各種課程統整模式紛紛出籠，讓人看得眼花撩亂，弄得大家精疲力盡，如今從頭檢視一下，似乎白白走了好多冤枉的路，原因是大家對於新課程認知不清，各自發展自己的路。

民國九十一年的新課程在一年級真正上路，問題並沒有凸顯出來，直到第二年一、二、四、七年級加入以後，許多問題浮出檯面，讓教育部忙於疏導解釋。當然在推動過程中，曾遭遇許多困難，原因的確不少，諸如國中的統整教學困難、無法取得基層教師的認同、利益團體的介入、學生及家長爭權、課程設計不符合實際需要、許多配套措施來不及等，所以這一年是激烈的陣痛期。

這一年正好借調教育部服務團隊，多次參加九年一貫課程推動會議，歷經多次爭議的問題，急於尋求解決之道，我們將全國各地反映的意見整理，提供上級參考改進，因此推動的過程中修正了許多不合時宜的措施，解決了課程上實施的難題，化解了家長對新課程的迷惑，茲將幾項爭議的主題提出來探究。首先是媒體報導九年一貫課程總是誇大其詞，以偏概全，危言聳聽，缺乏專業性的報導，更讓社會瀰漫不確定性，處處質疑教改的可行性。

教改是政府既定的政策，媒體應配合做正面的宣導才是，如今卻專挑毛病報導，也許是因政黨角力因素，讓教育涉入政治問題，其爭議性更多。其次所謂的建構數學被批判得最嚴重，本校曾參與八十二年版的數學科實驗課程，這套教材歷經實驗、試用、修正再全面推廣，投入龐大的人力和物力，經過各校使用後的評價都不錯，可是受到立委的質疑之後，引發社會的震盪。

平心而論，想在短短的時間內編輯一套完整的教材談何容易。甚至有的國中學校，舉行數學測驗就冒然公布成績，斷定成績程度低落，是建構數學惹的禍，遭受魚池之殃。自從開放民間版本之後，數學科課程比統編本難易度相差很大，因此進入國中以後，課程銜接落差更大是自然的現象。如今我們需要一套完善的評鑑標準，才能真正測驗出學生的學習程度。

再說教科書的問題，政府順應民意開放民間印製教科書原是一番美意，可是造成後遺症，課程改革中教科書開放為審訂機制，學校教師選用教科書，出現不同學校，使用版本不同且樣式眾多，造成家長及學生疑慮，因版本不同讓學生轉學銜接產生困難，由於課程內容缺乏實驗與試用過程，品質當然無法保證。另一方面是本土意識抬頭，過於強調母語教學，推廣上有許多困難點，讓基層教師無所是從，衍生狹隘的本土意識，必須加以導正。一綱多本的困惑造成補習的歪風，家長總以為孩子學得不夠多，不能輸在起跑點，因此被壓得喘不過氣來，加上多元入學方案無法定案，雖然教育部強調「讀完一本，通曉全綱」，但學校、家長對此仍然存疑。

新課程精神立意甚佳，只是修改的幅度較大，其揭櫫「課程綱要、學校本位課程取代國家統一課程標準」之主軸精神，鬆綁、下授、鼓勵基層教師主動參與規劃課程、設計教材，給予學校和教師更多彈性專業自主空間，確實為學校教育注入清流活水，活絡了學校經營管理及課程教學發展之機制，更提供了教師專業發展、展現教學專業知能之時空，驅動學校組織變革、教師專業再造。九年一貫課程強調創新開放、動態循環之課程觀，強調學校本位課程之發展、主張學科的統整與跨越並重視多元文化課程取向。為使學校教學團隊得以快速因應課程變動，建構學校課程永續發展機制，教育部必須於課程綱要實施要點中明確規範。

九年一貫課程改革的成敗關鍵在於教師的熱忱付出，先決條件是教師要能從內心認同此一主張，並賦予教師增能的機會，譬如深耕種子團隊的儲訓，才能積極投入教改行列；化解社會大眾與教師的疑慮，結合社區資源及家長的力量，唯有全民主動參與與支持，認清教改的方向，教改的亂源可休矣。

二〇〇四年一月二十日　載於《金門日報》浯江副刊

為國教課程深耕

國民中小學九年一貫課程自九十學年度正式實施以來，課程理念及精神內涵雖然獲得中小學老師及社會大眾的支持與認同，唯在執行過程中，相關教育問題，主體調適上發生落差現象，從「行政機關體制運作、學校組織運作、中小學老師專業知能、家長價值觀念及學生學習型態」等等，多方面的主客觀條件，可能部份發生失調現象，以致影響課程之實施。近來大家非常關心「課程統整、協同教學、一綱多本、課程銜接、教科書內容錯誤、英語教學城鄉差距、鄉土語言音標學習、建構數學導致學生程度降低」等相關主題之實施及其問題，並期待政府即刻進行綱要修正或補強相關配套策略。

教育部為加速推動工作的腳步，特別擬定九年一貫課程深耕計劃，培訓五百名種子教師及課程督學，尤其「課程督學」的設置是前所未有，可見教育部特別重視本計劃的推動。本人因借調教育部參與課程推動小組工作一年，歷經二十餘次推動小組會議，了解九年一貫課程推動的概況，這次有幸被派參加課程督學研習，深感責任重大，希望藉由這次研習活動更了解教改的方向，提昇專業知能。

為期四週的研習課程十分緊湊，如果是一般行政人員是不易吸收的，在課程安排上以課程發展與管理為重心，集國內課程專家學者如黃嘉雄、陳伯璋、高新建、游家政、張德銳等教授前來授課，課程內容深廣，獲益非淺。實務以瑞柑國小林文生校長發表「建構統整課程發展的機制」敘述帶領學校發展課程的經驗，讓我們回顧過去推動的例子，發現學校發展課程方向錯誤，白白浪費許多時間，原因是缺乏正確的領導者引導，才造成老師們的負擔與恐懼。

在陳浙雲、李美穗督學推動的成功例子介紹，諸如輔導團組織運作、教學節數規劃、教師進修規劃等都有完整的資料，讓各縣市參與研習的督學、校長、主任共同互動，探討教改一些存在已久的問題，找出未來推動的方向。

李美穗督學特別提到在教師為何要進修的理由，教師自我反思專業是否能在現今教育適用，其實進修的方式很多如專業對談、教師成長工作坊、讀書會、教育論壇、課程研習等，只要樂於參加都有助於專業知能的提昇。張德銳教授認為有專業才有明天，教師應透過同儕間的批判求進步，並讓家長進入學校參與校務，適時考核教師的專業知能。

教師不僅是教學者，也是課程設計者、評鑑者，從教師進修中獲取更多專業知能，才能應付日新月異的社會脈動。中央研究院余安邦教授以非教育界來看教育，認為教師應具有人文素養及積極進取的敬業精神，教師專業要接受評鑑。平心而論，教師在平日教學中缺少檢視自己的教學歷程，若加以質疑修正，才能達到最完善的目標。

張德銳教授以蔡伯遜醫生視病人如親，及陳冠妤把問題學生當孩子看待為例，揭示了愛的付出終會有成，如果學得很多但吝於付出愛心，就枉費了研習的苦心。在「鬆綁」、「學生主體」、「開放教育」的理念下，如何讓學生學得好又學得快樂，必須付出更多愛的關懷，在教師引領之下，健康快樂的成長。

在余霖、周麗玉、陳慧淑等校長介紹推動九年一貫課程的歷程與成果，分享他們奮鬥成功的果實，如何帶領教師團隊成長茁壯的歷程，經過多少困難環境，建構學校本位課程。因此推展成功的因素是：要有能力的領導者及一群理想相同的教師群，共創願景，邁向成功之路。

黃部長於開訓時勗勉學員落實九年一貫課程的推動，導引正確的方向。在研習期間，范次長三度蒞臨聽取大家的心聲，排除一切困難來支持這一次深耕計劃的推動，並期勉所有學員發揮所學，落實九年一貫課程推展，讓台灣的教育在國際舞台上擁有更高的評價。吳司長報告深耕計劃的重點及擔負輔導的任務，協助各校有效推動課程與教學創新，期勉教學深耕種子團隊認清自己的責任，整合縣市資源投入教改。

九年一貫課程推動是國家既定政策，毋庸質疑，是全國各界共同努力的目標，必須結合專家、學者、行政人員、教師、家長所形成之教育新團隊，發展課程策略，建構學校的課程藍圖，共同規劃適合學生學習之課程。這次教育部有系統培訓課程督學及深耕種子教師，深入校園提供學校與教師的服務，解決九年一貫課程實施問題，化解執行困境，由「深耕」而「生根」，培育縣市菁英人才，成為縣市推動課程改革之主力，成功是可以預期的。

二〇〇三年五月二十七日　載於《金門日報》浯江副刊

讀《一位頑童校長的辦學歷程》

《一位頑童校長的辦學歷程》為開平高中夏惠汶校長的辦學心得札記，紀錄教改十年的心路歷程，參訪外國的教育方式研發出互動教學模式，提倡「遊戲中學習，玩耍中成長」的理念，把嚴肅的教學理論融入活潑的教學中，這樣的辦學理念在學校播種、生根、發芽、茁壯。以「摸著石頭過河」來形容心中的焦慮和擔心，那是真實的實踐歷程，全心全力投入的寫照。

雖然書中所敘述的非國小階段的教育方式，然而教育的理念是相同的，強調生活教育的重要，列舉了許多行為改變的技巧，透過各種方式導引「由惡入善」的歷程，以「健康、平衡、愉快」的願景規劃學校未來的藍圖，讓全校師生共同經營，認同學校的做法，發揮團隊合作的精神，是我們從事教育工作者學習的典範。

其實我們有許多傳統的教育方式必須適時調整，過去我們一直要求遵守一些無趣的教條規則，權威式的壓迫很難改變學生的錯誤行為，如果由自發性的省悟，而有所改變其行為，才是符合教育的目的。有時看到師生間的衝突，起源於溝通的不良，老師可能缺乏民主過程，兒童的想法沒有獲得尊重，疏於關懷，師生間缺乏信任感，雙方的互動因而受阻；再說父母與兒女之間不和，緣自父母對孩子要求過於嚴苛，不知如何誘導孩子面對問題，不了解孩子的心聲，因此轉向同儕去談心，結交到惡友而不知，問題就逐漸形成。

國內有百分之八十六的家長只教孩子讀書，忽視生活教育，是共同的毛病。我們要重視人文教育，重視如何陪孩子成長，重視生命；當人格建構完整，人的潛能被啟發，屆時孩子的學習只需在旁協助就行了。

人的品格教育最難養成，教師若不知用心經營，用智慧解決難題，不易建構完整的人格素養。從這本書得知作者用心經營學校，才能獲致美好的成果，印證了一分耕耘一分收穫的道理，反觀本縣一所高職的校務日漸沒落，讓人感嘆，身為同校的教師應感到羞恥才是。做為一個教育者不可不慎，以此為戒！

二〇〇四年五月二十日　作品

「北歐五國的教育」研讀心得

教育制度的完整性及面對未來教育新趨勢攸關國家教育發展，因此了解他國教育制度與本國教育的比較是相當重要。教育是改善人民生活、提振國家實力的最佳投資，北歐五國由蠻荒而蛻變成今天世界上生活品質極高的福利國家，他們的成就無不歸功於教育，許多優點值得我們國家借鏡。

首先了解北歐教育的歷史文化背景，北歐是指丹麥、瑞典、挪威、芬蘭、冰島五國，從第十世紀開始基督教的教化，改變了維京人的思想與行為，整個中世紀的正軌教育是在修道院與附設於主教座堂的文理科高中。十六世紀的宗教改革掀起讀聖經的浪潮，開始有自己的民族文字與平民學校。

思想與工業的革命，隨著英國憲政的榜樣與法國大革命的衝擊，使北歐開始推行國民義務教育，首先是丹麥在西元一八一四年，接著是挪威於西元一八四〇年，瑞典於西元一八四二年，因此民智日啟人才輩出。葛隆維所倡導的民眾高等學校，十九世紀中業從丹麥開始遍及北歐，不僅開啟了終身學習運動，而且自由啟迪心靈，讓全民享受全人的教育。戰後社會的劇烈變遷與二十世紀後半期高科技迅速發展帶來的衝擊，迫使北歐與世界其他先進國家，採取一連串的教育改革措施。

丹麥學制——國民學校、文理科高中、現代中學、職業基礎教育、高級職業學校、大學及專門學院。師範教育依不同階段的教師，有其不同的需求與條件，設立各種不同的機構，成人教育種類繁多，以人文陶冶及通識教育、進修教育、休閒生活教育、社區文化中心為主，達到終身學習的理念。

挪威學制——學前教育、國民教育、高級中等教育、高等教育、師範教育、成人教育，與國內教育學制極為相似，該國認為「學問起於閒暇，休閒孕育文化」，休閒生活可以發揮以遊戲來教學，從娛樂中學習的教育功能。

瑞典學制——國民教育、高中教育、高等教育、師範教育、成人教育，瑞典的教育促進了科學的發展與技術的進步，科技的進步帶來了國家的富強。

芬蘭學制——學前教育、國民教育、高級中等教育、高等教育、師範教育、成人教育，與挪威學制相近，芬蘭大學生自治組織是世界上最富有、最活躍也最有影響力的學生組織。

冰島學制——基本教育、中等教育、高等教育、師範教育、成人教育，冰島雖然地處極北苦寒之地，卻擁有豐富而多采多姿的文化生活，是具有千年的悠久傳統所致。

北歐五國的地理位置僻處北疆，資源缺乏，人口稀少，氣候寒冷，經過百餘年的努力，每人平均所得已超過兩萬美金，擠入世界富國的行列，他們引以為傲的卻是其文化，地理上是小國，文化上卻是大國，建立了世界上政治最民主、個人最自由的社會福利國家。北歐五國均對其自身的教育制度相當自信，對其為教育所做的努力，不斷改革進步所獲致的成就同樣相當自傲。

北歐五國教育共同的特色是實施全民教育，倡導終身學習的理念，維護自由氣氛，落實本土文化教育，因為教育普及而提昇國民素質，增進國家競爭力，推動國家政策迅速有效。重視科技發展並兼顧人文教育，科技研發創新，使科技產品獨步全球，帶動國家經濟發展。休閒教育普及，從小培養良好的休閒活動，減少社會犯罪率，是我國教育值得效法之處。由於社會開放，教育自由，學習風氣興盛，到處都有學校可讀，終身教育扎實生根，讓許多國家望塵莫及，值得效法學習。

北歐五國組成區域聯盟，相互學習支援，獲得許多寶貴經驗。政府也積極推動知識型的政府，講求辦事效率，推動組織改革，是我國多年來一直無法落實的政府改造。積極倡導兒童本位教育，在人生各階層都有不同的教育方式，成人教育運動發揮無比的功能。我國近年來在高科技的挑戰下，媒體的汙染，泯滅人性，變成物化與商品化，有必要倡導人文的思想教育，提昇國民人文素養，免於帶來社會的危機。

二〇〇四年五月三十日　作品

重建校園文化——談教育改革

九年一貫課程改革是我國教育改革過程中的劃時代創舉，新課程強調學生基本能力、學校本位課程、領域統整，並加入英語及鄉土語言等課程。由於課程重組，融合了新內涵、新知識並具生活化等特色，教師也面臨新的挑戰，因此教育改革的核心在於教師的改變，如何推動學校再造，重塑校園文化仍是未來的重要關鍵。

規劃學校本位課程發展的方向，是以學校的教育理念及學生的需要為核心，以學校為中心，以學校教育人員為主體，為學校課程所進行的規劃、設計、實施與評鑑。以學校的教育理念及學生的需要為核心，同時也需要考量校外社區的特色，以學校為發展的主要場所及各項資源的主要提供者，但是並不必然限定在校園內，而可以充分運用校外機構及人士的資源。因此必須健全課程發展委員會組織及各領域課程小組的運作，務實規劃彈性學習節數及內容，以學校願景設計學校本位課程內容。

學校的課程發展，須歷經一連串的課程決定過程，從願景的建構，課程目標與理念的評估，到教材內容的選編，教學活動和評量方法的設計，乃至教學時數的安排，課表的排定，上課日數的規劃，家長觀念的溝通等，皆須做決定。這麼多的決定事項，不能也不應由行政領導人員或特定人士單獨做決定，而應塑造積極參與的學校文化，鼓勵教師，甚至家長、社區人士和學者專家們來參與決定，這樣的課程決定才會更具合理性，也才會贏得支持。本質上，參與式決定也是學校本位管理的重要原則之一。

重建社群觀念，發展學校組織學習，在學校教師專業發展的努力下，首須重建「專業社群」的觀念，透過團隊學習可以激發集體的洞察，培養合作的能力，促進學習的速度，以發揮更大的學習效果。基本上團隊學習的修鍊要從「對話」開始，透過組織成員間的互相對話，使個人的思想得以在團體中自由流通，相互激盪，且彼此影響，而產生新的了解和洞察。

課程、教學與輔導工作是最能展現教師專業性的活動。換言之，也唯有具備專業素養、專業志趣，能展現專業行為的教師，才能有效規劃、發展和設計學校課程，實施有效的教學與輔導活動。學校領導者乃須塑造學校的專業性文化，鼓勵教師參與專業的成長與研究，以專業智識發展、規劃、實施並評鑑學校的課程方案。學校行政領導者宜鼓勵教師們儘量分享彼此的課程改革與教學創新成敗經驗，從成功經驗中鼓舞士氣，激發信心，促進成長，分享喜悅；從失敗經驗中，探究原因，記取教訓，砥礪革新，減少風險。

建構自我創新的教學理念，教學的改變是課程改革的基石，新課程實施以「創新教學」為主要訴求，是希望教師的教學有變化而有效，讓學生能學得快樂又學得好，透過教學的現場經驗，如何將能力指標轉化為學校本位教學目標，利用多元教材活絡教學，不斷反省澄清自己的教學理念，找到自己的課程改革位置。

塑造優質的學習環境，結合學校現有教學資源，規劃校園教學步道，建置生態教材園、教學資源中心、圖書館的利用等，透過教學引導，深刻了解「學校本身」是很值得且很直接的學習課題，學生從學校內學得環境教育所著重的人與環境的關係、了解學校發生或製造的環境問題、也能學習如何改善環境問題，透過老師的引導，逐漸培養環境的覺知，覺知自然之美、環境汙染，增加自然及環境的知識，建立及澄清環境價值，培養獨立思考與解決問題的技能，並參與改善及共創永續的校園。

建置數位化的學習空間，改善資訊科技設備應用於班級教學，教師如何運用資訊科技設備是重要關鍵，資訊整合課程設計宜符合建構精神，鼓勵學生多利用開放式應用軟體或者網際網路等自行建構各領域之知識技能，擺脫以往被動學習的習慣，成為主動、自主的學習者，成為未來教育發展的重要指標。

實踐九年一貫課程理想願景，必須從學校本位課程發展做起，從傳統中破繭而出，摸索出一些可行的途徑，在漫長的路中，不僅要概念重建，要結構再造，更要文化新生，教師不僅是教學者，也是研究者及課程設計者，透過教師共同參與，經由討論、對話、協商和慎思的過程，自主地決定學校的課程而重塑校園的新文化。

二○○三年七月十五　載於《金門日報》言論廣場

啟動生命的智慧——校長儲訓札記

四月十二日

兩、三週之前就打理學校的雜事，好讓我安心在教育研究院參加第一百期校長儲訓研習，前一天就夜宿台北，一大早提著笨重的行李，搭上研究院為我們備好的遊覽車安抵目的地，順利完成報到手續。這裡是我常來的地方，當然熟悉週邊的環境，教輔組李組長為大家介紹院內的環境，提示研習員應注意事項，讓學員有初步的認識。

始業典禮由何主任福田主持，省府林主席特別列席參加，何主任首先歡迎一百多位準校長的參與，希望大家在為期八週的課程，能吸取教授們的智慧結晶，細心體察班友的優點，獲取更多的寶貴經驗，在校長專業領域能有所成長。接著林主席提示做為一個校長要有清廉公正的形象，對待同仁賞罰分明，以身作則，帶人要帶心，發揮團隊力量，整合社區資源，重視學生身心的健康；了解政府的政策導正正確的觀念，落實教改工作。

在各組分享個人的自我介紹中，來自全國各校的菁英，都具備特殊的才華，是我學習的好榜樣，更可以結交許多好朋友，收穫一定豐富。

四月十三日

何主任為我們上校長的通識教育，身為一個校長必須具備通識教育的素養，才能把學校經營的有聲有色，邁向具備通識教育素養的校長，善於自學，學以求博，博貴能通，通祈致用，用必至善的理想，並指出當前幾個違反通識教育現象如本位主義、速食主義、民粹主義的缺失要加以導正。因此成為一個校長除了學習教育學門外，還具備人文、科學、哲史、藝術、政經、法律、宗教等素養，才能扮演一位好校長。

下午聆聽許智偉顧問講授校長的行政素養，聽他宏亮的嗓聲，雖然年歲已高，仍然保有健朗的身體，以他的豐富行政資歷及學養，值得我們學習的榜樣。做為一個新時代的校長必須堅守以法行政的原則，運用科學管理的方法，實施人性化的領導，用多元理性來決策，善於培養教育氣氛，以發揮行政的藝術。

四月十四日

在陳迺臣教授談校長需要宗教的素養，可以培養和平、慈悲、博愛、寬容的良好美德，建立校內和諧的氣氛，妥善處理現實事務的智慧和判斷力，成為有自省能力和自省習慣的行政領導，增強對生命的價值觀和對教育的使命感，因此校長是教育園地中的領導者，不但本身的知識、能力和人格智慧要做教育同仁和學生的模範，同時也要有形無形、直接間接影響社會風氣，領導社會的潮流。要做到這樣理想的校長需要科學精神和方法，專業的知識、智慧和能力，同時也需要有宗教的素養，才能夠有持續的教育熱忱，形成令人尊敬的人格風範，有寬廣的人生視野和正確的價值觀及正確的教育理念。

下午在曾憲政校長談教育改革的回顧與前瞻，深入了解近十年教改的成效和檢討，以曾校長參與教改推動的實務，剖析教育改革的現況與得失，面臨國教重要課題，諸如因應學齡人口變化的衝擊、妥善規劃十二年國教、提昇國民中小學教育品質、建立教育發展指標等是後續推動的教育工程。目前推動的教育政策是正確，只是在推動的過程中難免有許多阻力，許多教育同仁由於不熟悉因而恐慌，進而逃避現實無法認同，無視於時代潮流趨勢，終被時代所淘汰。

四月十九日

進入第二週的課程已熟悉研習活動的內容，生活作息也正常了。在學校處理公文已有二十餘年之久，僅限於本處室的文件，因此對外發文仍有些不確實，稍有疏忽造成話柄，不可不慎，在林瀛森副組長的講授下，獲益良多，更深入了解公文的性質、形式、用語及做法，並指出一般公文常犯的毛病，必須小心防範才是。

在吳政達的「策略規劃與管理」，校長應思考學校未來發展的策略，規劃整體的考量，而非專注於一般性的事務，多了解學校組織特性，激發教師同仁的使命感及榮譽心，創造高績效的成果。運用費德勒的權變理論，貝斯的轉型領導，只要事先規劃才能改變現狀，管事理人是件棘手的工作。

晚上在分享個人的經驗中，來自全國各校的精英，都具備特殊的才華，在校長甄選中脫穎而出，實在不容易，我從每個人身上均得到許多寶貴的經驗。

四月二十日

何主任為我們談服務雜感，即將成為一個校長必須具備的作為，要做好準備不斷的學習，把理論與實務結合在一起，榮譽責任權責相對，是開創新局的推手，忍辱負重的橋樑，要有「上台靠機會，下台靠智慧」的本能，才能把學校經營得有聲有色。在校長的史學素養課，聘請台大黃俊傑教授演講，要有歷史的思考才有遠見，一個校長要有清高的理想，不能隨波逐流，有正確的判斷能力。下午參觀陶瓷博覽館，深入了解鶯歌陶瓷發展史及陶瓷應用在我們的生活上，並安排彩繪陶器，真正體驗繪製陶器的樂趣。

四月二十二日

由李瑞雪及曾鴻文輔導校長講述訓導實務，強調新訓導觀念的重要，在繁多的訓導活動中，如何培養一個有教養的學生是值得大家省思的事，面臨多元的社會是當前嚴格的考驗。接著詹校長分享新校舍改建的歷程，看到災區重建的艱辛，只要用心思考，認真投入，終將有好的成果。

在張博雅教授以「用心關懷社會用愛營造未來」為題，陳述社會近來的亂象，增加社會付出的成本，是從事教育必須認清的問題，我們不能袖手旁觀，要有積極的作為，以愛心關懷。劉江霖教授以校園環境整體規劃，利用校園的空間有系統的美化，讓校園生動活潑，達到境教的目的。

四月二十六日

在蔡義雄副校長講述校長的專業成長，明瞭校長應具備的專業知能，如何建立個人魅力形象，形塑領導風格，不斷的自我進修，以善盡專業職責。余玉照副校長談會議主持與領導技巧，主席要發揮溝通與領導才能，才能開好一個圓滿的會議。在兩位鄭校長談校長的經驗傳承，要有正確的生命觀及工作觀，以追求自我實現，把握方向和目標向前進，以廣博的學識來支持自我信念。

王和雄大法官講授校長的法學素養，校長應熟悉法令規章，以免誤觸法令引來禍端，充實學識以學問領導教師，建立一位德威並重的領導者。在即席演講中，訓練校長的機智反映並如何把握演講的重點及流利的口才。

四月二十九日

早上行政工作實務分享談教訓輔三合一計劃的實施，接著范秘書長談法治觀念的培養與誠信社會的建立，讓我感觸良多，從小沒有建立法治觀念及誠信，社會風氣如何好起來？必須從教育入手。下午鄭組長講述儲訓教育，了解省政府文教組施政重點，如何推動文藝活動。晚間在簡文秀教授作音樂賞析中，得到許多啟示：唱歌時感情投入是相當重要的，並學著怎樣欣賞歌唱者的優美歌聲。

五月三日

時光如梭，轉眼又進入第四週的課程了，黎建球校長以他專業的哲學素養，讓我們深入探討哲學的內涵，做為一個校長擔負文化的傳承，堅持社會的良心，追求智慧，以達到真、善、美、聖的最高境界。李珀校長談學視導的推動，是重建校園文化的重點，過去教師最怕教學觀摩，因此教學技巧乏善可陳，未來教師分級勢必從教學評鑑開始，也是教改史上重要的里程碑。

五月六日

教育部吳司長說明當前我國國民教育政策，回顧教改的推動方向，各項專案計劃的推動，以及未來教育政策的走向，讓我們更深入了解教育現況。身為校長必須了解教育政策的內容。行政程序法是從事學校行政必須熟悉的法令，共有一七五條內容，是處理行政上的疏失可供依據的規則。

五月七日

張武昌教授主講英語教育政策及國小英語課程綱要，講述正確的推動的方向，以及目前社會對英語教學不一，潛藏不少隱憂而不自知，尤其家長揠苗助長，是值得各界深思的課題。張鈿富講授全面品質與教育品質中，從問卷調查發現學校整體表現不佳，對教改成效不滿意；如何改善學校運作品質，系統性教育改革，以達到最高的理想，這都是要面對的問題。

五月二十四日

何主任講授「初任校長」推動校務時，要體察全校同仁需求，掌握年度校務要項，研訂學校發展願景，擴充學校公共關係，確立校長領導風格，推動校務改革之際，如何化解同仁間的爭執，以及校長未來決定去留，著實考驗個人的智慧，最重要的是考量現實問題，保住應有的尊嚴。

下午聽朱宗慶總監的專題演講，談到他的求學歷程，經過多少波折才成功，在二十多年來推動打擊樂的歷程，對國小教學的影響，如肢體敏捷度、節奏感、創意、合作及挫折中成長，分享從演奏中結交許多朋友，得到許多感受。

五月二十五日

生命教育由何進財常委講授，以他推動輔導工作的豐富經驗，強調落實生命教育的重要及推動的策略，提供肺腑之言，生命是一種體驗，教育者心中有愛，善待每一位孩子，常懷知足感恩包容善解，並以古人流傳的智慧俗諺，勉勵現代人，富有深厚的哲理。生命教育在現今的課程中，必須從小落實，才能杜絕今日社會的亂象，建立正確的生命觀。

在李俊湖組長談九年一貫課程理念與實踐，本課程大多十分了解，校長應有效的課程領導，帶領教師一起成長，把握正確的目標方向。

五月二十六日

何主任談三適教育，所謂的適性、適量、適時三種教育，適性——注重個別性向，留意多元取向的學生，發揮其潛能；適量——給予孩童實際需要的學習，避免造成恐懼症，剝奪學生的快樂；適時——在適當的時機給予教育，不可揠苗助長，造成傷害，尤其社會迷失教育的本質，一味追求孩子贏在起跑點，急於獲勝，抹殺孩子的學習興趣，是值得大家深思的地方。

下午在數位輔導校長分享他們的實務經驗中，把辦學的經驗傳承下來，除了把校園規劃完善，最重要的是如何建構一個溫馨和諧的校園文化，讓每一份子都快樂地學習著。

五月二十七日

難得教育部范次長蒞臨做專題演講，把近十年來推動教育改革的歷程呈現出來，找出推動的脈絡，可看出國家的教育政策是持續不斷，一直追求卓越，擴大國際視野，雖然教改一直有反對聲浪，從民調中看到家長及學生仍顯出快樂的學習，勉勵我們要朝永續校園發展，建構健康促進學校，改造校園，整合教學資源，讓台灣教育在國際使人刮目相看。

校長的時間管理部分，由朱文雄校長主講，內容十分豐富，揭露我們生活中浪費時間的因素，舉出時間管理的方法原則，養成良好習慣，不但自己做好時間管理，讓部屬也同樣做好管理，才能發揮辦學的最大的效能。

六月二日

首次聆聽鄭石岩教授的演講，如沐春風，久仰大名，曾經拜讀他的大作，果然不同凡響。他畢生投入個案輔導，把經驗點滴累積出版一系列輔導叢書。強調國內重視品德教育該是時候了，以重視品德陶冶，加強生活教育，即時的教導以及社會示範與身教，多讓孩子體驗教育活動，養成自律的好習慣。

前教育部曾志朗部長蒞臨做專題演講，暢談科學對人類文明的衝擊，要完成一件事必須有所堅持，不可妥協才能成功，並提及任內未完成的幾項工作，如閱讀運動的推廣、生命教育的落實、資訊教育設備的改善、創意教學與藝術教育的提升，期望準校長們持續推動，可見曾部長對教育的執著與期許。

六月四日

這八週的研習課程在今日的結業典禮畫下圓滿的句點，何主任勉勵我們將所學的一切，辦好一所理想的學校，實現自我的教育理念。讓我深深感受以前所學的理論與實務，已經無法應用在今日的教育，必須有終身學習的理念，不斷求新求變，充實自己。像這樣的儲訓研習，在國立教育研究院及台灣省政府文教組精心策劃下，聘請知名的學者專家蒞臨授課，實屬不易，讓學員們滿載而歸，練得一身功夫，好為國教繼續扎根工作。

二〇〇四年六月十九　載於《金門日報》浯江副刊

教育參觀心得

今早校長儲訓班同學懷著愉快的心情，分乘四輛遊覽車往台北的方向前進，來到東北角的鼻頭國小，沿著自然步道緩緩而上，終於見到別緻的迷你小學，在張校長及學生代表的簡報裡，感受學校同仁們的用心經營，得到家長的肯定與稱許，令參觀者不禁淚水都掉下來，這樣的教育怎會有壞孩子呢？如果多數的教師都向他們學習，今天的教育及社會問題就不會那麼多。

我們清楚看到在教師共同努力下，發揮團隊精神，贏得多項成就獎項，如創新經營獎、標竿一〇〇獎。學校主動結合社區資源，讓社區專業人士支援教學；推動東北角課程發展策略聯盟，規劃學校本位課程，頗有成效；課程的創意設計如家事體驗學習護照、海洋浮潛畢業典禮、海洋生態復育活動、社區有教室學習活動、步道導覽創意活動，讓孩子在活動中學習科技的運用，在學習體驗能力的重要，有效結合知識與能力，為孩子開啟一片展能的天空。該校真正走出校園，走入社區，創新經營模式，掌握教育本質，是值得我們學習的榜樣。

下午前往宜蘭國小參觀，以健康快樂、適性發展、關愛和諧為願景，發展藝文活動，是以合唱團、弦樂團、桌球等社團表現優異，並設立特教中心、教師研習中心；辦理教訓輔三合一計畫，將行政組織略作調整；校舍建築新穎，可惜活動空間較小，缺乏合格的運動場所。之後前往宜蘭縣政府參觀建築規劃，以人性化的空間設計，重視庭園設計風格，改變制式呆板的建築模式。

翌日早上走進著名的羅東運動公園，園區設計以地景、水景運動設施、植栽等，結合台灣本土特色及蘭陽風情建築而成，具有運動、休閒及健康多項功能，而且吸引許多觀光客的到來，成了重要的觀光景點。

接著到北成國小參訪，以國樂迎賓最為特別，教學大樓是師生共同參與設計，分期規劃設計，逐年完成，例如智育樓、德育樓有其建築特色。游泳是該校的特色課程，培訓許多優秀游泳選手，成了假期活動的場所。利用游泳池廢水輸送為水生植物池的用水，落實環保教育，社團活動多，吸引許多越區的學生就讀，資訊教育規劃完善，運用於教學中，利用人力組織再造，充分利用人力，發揮最有效率的行政運作。

下午繼續參觀冬山國小，該校以營造一個有禮貌、愛清潔、守秩序、溫馨和諧雅致，充滿人文氣息的校園文化為期許，校園建築最具特色，富有不同的造型，步道格外優雅，並重視環境綠化，因此遠近馳名，成了觀摩的學校。該校提倡傳統藝術文化，製作風箏是學校的特色課程，開闢展示館陳列教學成果，重視校際藝文比賽，屢獲獎項。接著本預定往武荖坑綠野步道，因天公不作美而改變行程，參觀木屐工廠，展現鄉村特有行業。最後到南方澳參觀漁港，品嘗該地風味餐，放鬆一下心情。

第三天早上往國立傳統藝術中心，佔地有二十四公頃的園區，保留傳統藝術文化，建構了多間傳統建築，並以水渠與冬山河遊樂區相連，讓遊客把景點串聯起來，有助發展觀光特色。內部設有各種類別的展演場地，譬如歌仔戲、傀儡戲、布偶戲等地方戲曲，建有閩南式四合院、寺廟、宗祠、古街型式，並展示傳統技藝。最後因北宜公路坍方，取消參觀坪林茶業博物館，直接返回教育研究院。

三天的行程匆匆地過去了，參觀四所學校各具特色，學校的大小各有不同的經營方式，以鼻頭國小最令人欽佩，能化腐朽為神奇，創造學校經營奇蹟，完全發揮團隊力量，帶好每一個孩子，這是最佳的教育理念；北成國小設立音樂班，那只是幾個精英份子獨享資源，忽視一般學生的教育權利；發展學校特色是凸顯學校教育成效，譬如游泳選手、桌球選手等，其實多數學生是否受到平等的教育，為我們領導者值得深思的課題。

校園規劃以冬山國小最為完整，具有特色，深獲好評。我發現校長的領導具有重要關鍵，如鼻頭國小校長將教師生活安頓妥善，對學校才有向心力，自然樂意為學校打拼。冬山國小校長主動關懷教師，每逢生日送賀卡給教師，使其深受感動。這些做法值得學習的優點。

這次的參訪可看出宜蘭縣政府對教育的重視，投入龐大的教育經費，強調校園建築的特色，是其他縣市望塵莫及，深獲各界的肯定，沒有白費教育的投資。反觀金門縣，在民國八十四年列入國教示範區，花費了數億經費改善，至今找不出一所可供觀摩的典範學校，原因是缺乏宏觀的思維，不懂規劃設計而造成的後果。希望藉由這次的參訪，擷取他校的優點，提供未來治校的參考。

二〇〇四年六月一日　作品

辦校哲學——「平凡人」的校長

這次教育參觀四所國小校長的治校理念，以鼻頭國小張信務校長最令人欽佩，能化腐朽為神奇，創造學校經營奇蹟，完全發揮團隊力量，帶好每一個孩子，這是最佳的教育理念。課程的創意設計如家事體驗學習護照、海洋浮潛畢業典禮、海洋生態復育活動、社區有教室學習活動、步道導覽創意活動，讓孩子在活動中學習科技的運用，在學習體驗能力的重要，有效結合知識與能力，為孩子開啟一片展能的天空。

張校長以平民的作風，與學生打成一片，譬如生命教學，能與學生約定一起在腹部抱蛋，體驗母親懷胎十個月的辛苦，並與學生分享體驗，校長以身教代替言教，平易近人，沒有階級高低之分，學生樂於接受，達到潛移默化的目的。對待教師以負責的態度，關懷教師的生活起居，有溫暖的窩，才能安心地為學校奉獻心力，校務必然欣欣向榮，創造美好的佳績，結合社區資源加以運用，讓社區家長走入學校參與教學，獲得良好成效，落實社區教室的理想，達到創新經營模式，掌握教育本質。「平凡人」的校長是指平易近人，凡事皆通，以達到全人教育的理想，一位校長如果做好「平凡人」的哲學，發揮有效能的領導，校務發展必會蒸蒸日上，期待好的收成指日可待。

二〇〇四年八月一日　登載國立教育研究院出版《辦校理念經髓》

九年一貫課程向前行

一、前言

自從加入教學創新九年一貫課程服務團隊後，深入了解並蒐集金馬地區執行九年一貫課程實況，並分析與研商金馬區縣市實施九年一貫課程問題解決策略。自去年九月至今，媒體對九年一貫課程推動不斷抨擊，甚至有的立委說停就停，讓我們這些輔導員備感壓力，在此敏感時刻如履薄冰，大家知道教育改革是國家既定的政策，必須全力配合推動。以最近各方提出的問題來看，許多人士不明瞭事實的真象，總把問題加諸於九年一貫課程的推動，實在不合理。

譬如建構式數學、補習班增加、教科書太貴、成績低落等一連串的問題跟九年一貫課程是不相干，可是許多人把這些罪過都加諸於九年一貫課程的推動，造成社會的誤解，以訛傳訛，積非成是，引發家長的恐慌。金馬地處外島，在這次九年一貫課程推動應發揮一股團隊的力量，必須整合全縣資源，落實九年一貫課程推動工作，讓教改列車順利向前推進。

二、九年一貫課程現況與問題定位

教育局推動新課程時將九年一貫課程的推動視導列為重點項目，定期至各校視導，開始規劃成績評量系統及辦理相關研習會，訂定全縣輔導團輔導計畫，成立國中小輔導團並召開會議討論實施策略。國中銜接課程補救教學實施在暑假中辦理，銜接課程研習會在本輔導區辦理未具成效，原因是教授不易聘請，缺少規劃課程銜接研習，只配發課程銜接光碟宣導書籍供各校參考。在教師專業進修研習方面，國中聯合辦理校際研習，國小則辦理學區研習會，安排周三下午進行研討，並排定一系列輔導本縣輔導員專業成長，有助於提昇教師專業能力。

教師也認真投入教改的行列，大多數認清教育改革的迫切性，積極規劃學校本位課程，研訂學校課程計畫，諸如中正、金湖國小都自行設計教學活動配合學校活動需要。資訊融入教學均有完善設備配合教學。九年一貫課程的基礎研習大致辦理完成，唯進階課程研習再延續辦理中。家長對九年一貫課程仍一知半解，需要再辦宣導活動，參與學校教學活動仍不夠積極。

在國中小教師進修無專職人員管制，缺乏研習中心設置，教師進修缺乏長期規劃；教師負擔教學外的工作太多，在未來人力規劃方面要確實要檢討；老師質疑民間版本教科書缺點多，建議加強審定作業；藝術與人文方面在第二專長未修習之前，安排課務較不易等問題。

三、提昇推動九年一貫課程效能之意見

針對金馬地區各國中小學校反映意見綜合如下，藉此提昇推動九年一貫課程修正及努力方向

（一）應建立教師進修證照制度，才能有效落實教師進修及誘導教師樂意參加。

（二）建議教育局編印家長手冊宣導並適時加強推動策略。

（三）借調有專長的教師支援教育局及培訓基層教育行政人員以利推動教改。

（四）利用教育局召開校長會議時加強宣導，凝聚共識。
（五）加強教師善用資訊科技融入各科教學。
（六）強調教師績效考核，訂定實施要點，以帶動教師研究風氣。
（七）建議教育局加速辦理成績系統研習，以求全國統一評量系統。
（八）整合縣內各項活動，融入各科教學，並避免太多的校際活動，耽誤正常教學。
（九）建議教育局擬妥全年的研習計畫並注重研習成效，予以追蹤考核。
（十）建議教育局檢討現行辦理各項活動，減少教師的負擔。
（十一）進行協調溝通各校，促使學區聯盟辦理研習活動，增加實際效果。
（十二）建議教育局辦理縣市互訪交流活動，吸取經驗，以加速九年一貫課程的推展。

四、九年一貫課程政策之建議

金馬地區因位處離島而與台灣本島隔閡，訊息傳遞上常有極大的落差，因此有下列幾點建議提供參考

（一）金馬地區缺乏研習中心設置，教師進修缺乏長期規劃，教師專業成長研習欠缺常設機構負責執行，成效不彰。

（二）請政府增列研習經費補助離島，以利推動九年一貫課程。

（三）請訓委會通盤檢討教師研習是否減少辦理次數，避免重覆而造成資源上的浪費。

（四）強化地方輔導功能，積極推動創新教學理念。

五、結語

初次擔負本項工作極為惶恐，深感能力不足，經過數次教學創新九年一貫課程服務團隊推動會議研討及專業成長後，比以前見解認知更廣，發現本輔導區諸多推動工作尚未落實，備感責任加重。因為過去金馬地區是權威式的領導風格，效率很高，下達命令絕對服從，如今權力下放後，似乎被動性加高，效率反而降低。自小班教學至今，總認為欠缺一股熱心投入的團隊，過去曾擔任縣輔導員巡迴各校，了解各校的概況，希望藉由柔性的服務態度，改變學校的領導作風及鼓舞教師參與教改的一份熱忱，那是我全力以赴的目標。

由於最近媒體炒作建構數學問題與九年一貫課程的推動出現的問題，許多老師對於政府的政策提出許多質疑，不了解事實的真相，影響推動的效果，枉費推動教改的苦心，因此政府必須主動出擊，利用網路或媒體開闢專欄宣傳，導正不正確的報導。在訪視各校的感觸仍然以國中出現反彈聲浪較大，主要是國中過去課程修訂的幅度較小，許多教師根深蒂固的傳統教材教法仍然不變，因此不適應新課程的更動。例如在專業方面的美術與音樂授課上，以修習第二專長來替代是很難的。國小教師適應能力強，較為容易接受，推展起來較快。

最近媒體炒作建構數學問題與九年一貫課程的推動混為一談，實在可笑，其實那些都不了解事實的真相，許多人持著看熱鬧的心理，枉費推動教改的苦心，從事輔導員只能提出事實來說明，希望教育界站穩腳步，不能隨波逐流，迷失自己。

綜觀世界各國均積極規劃各項重要改革，以勾劃二十一世紀願景時，深繫培養未來人才的重要工作——教育，尤其是奠定各級教育基礎的國民教育，更受到無比的重視。國民中小學九年一貫課程的基本理念，主要在拋掉背不動的書包，培養學生帶著走的基本能力，以扭轉過去只重視背誦知識、不知活潑應用的現象，尤其在課程中加強資訊與外語的實施，以增進學生對國際文化理解，使其在國際化的社會中，不僅更容易和世界接軌，並能營造國際化生活環境，及養成學生終身學習環境與藝術創意理念的基礎。

因此，九年一貫課程的教材，提供比過去更具完整性、豐富性、應用性的學習內涵，在課程組織方面，雖然與過去課程標準不同，但可藉由課程的改革，引導教師改變傳統思維的教學方法，因而提升了「教」與「學」的品質和效果。希望在未來的輔導工作持續努力，讓九年一貫課程推動的成果能展現新風貌，拉近城市與鄉村的差距。

二〇〇二年十二月三十一日 作品

家長與學校——談家長參與學校教育

長久以來，家長認為把孩子送進學校後就是學校的責任。事實上，在面對瞬息萬變的社會時，僅具備書本的知識已不足以在未來的社會中生存，了解歐美國家中小學家長所扮演的角色後發現，廣大的社區及熱心的家長都是最容易取得的教育資源和助手。在九年一貫課程實施中，更期待家長走入學校。

根據教師法第十一條規定，教師評審委員會含家長代表一人，參與學校教師聘任、續聘、解聘之審查。在家長會設置辦法明定學校家長會應協助學校推展教育等規定。學校除了家長會的組織，各班另外組成班級親師會，讓家長走入教室參與教學，讓家長成為老師的助手；此外家長應透過家長成長團體，不斷地吸收新知，了解時代的脈動，共同參與教學活動，正確教導自己的孩子。

以往家長會總是在逢年過節送些禮品給學校，或舉辦謝師宴活動，很少真正參與各項教學活動，最多只跟校長打交道而已，其實家長中有許多學有專精的人才，正是教師所缺乏的，大可借重社區家長的才能，支援學校教學之不足。舉凡專題演講、技藝傳授、戶外教學的實施、圖書館管理、教具借用、協助校內外安全維護、整理校園花木等工作，只要家長肯付出這份心力，把關懷的愛化為力量，「家長」與「教師」共同來引導孩子做適性的發展，陪孩子一起成長，對校務推展助益頗大。

回顧往日，學校辦理親職教育活動，參加的家長寥寥無幾，承辦的單位莫可奈何，似乎不是件重要的事，許多家長都放不下工作撥冗參加，沒有盡到做家長關懷自己孩子的責任。九年一貫課程的落實，的確需要家長的參與，打破傳統的作風，走向學校，家長多一分關愛就少造就一些問題的孩子，透過班級親師會，使「親」、「師」、「生」三方面心手相連，全方位成長，共同來關心學校教育及學生成長的歷程。

二〇〇二年五月二十八日　載於《金門日報》言論廣場

教改不能走回頭路

近來媒體對九年一貫課程不斷抨擊，甚至有的立委說停就停，看似兒戲而草率。近日也很少看到當年從事課程制定的學者專家勇於出面澄清，甚至那些當年制定者也提出相反的意見，讓我們這些基層的教師們感到不可思議，在此時刻朝野黨派應凝聚共識，拋棄私見，共同推動國家既定的教育政策，讓大家有所遵循。

回顧新課程的改革已在民國八十三年回應民間教改強烈訴求而開始醞釀、發展、研訂、試辦、審議、修訂至全面實施，前後歷時十年，投入龐大人力與資源，如此重大教改工程，豈能任憑少數人無知的叫囂而停擺，請大家尊重專業能力。何況為提昇國家競爭力及回應社會的期待，九年一貫課程是必須上路了，否則不能符合現代教育的思潮。

目前教育單位正積極在推動，如建立諮詢輔導體系、修訂法令規章、編印宣導手冊等策略，其實在推動中難免會產生許多問題，引發陣痛時期，挑戰根深蒂固的教育觀念，想一蹴可及是不可能的。必須要面對問題加以克服的，否則再拖延下去問題仍然存在。

以最近各方提出的問題來看，許多人士不明瞭事實的真相，總把問題加諸於九年一貫課程的推動，實在不合理。譬如建構式數學、補習班增加、教科書太貴、成績低落、英語教學等一連串的問題跟九年一貫課程是不相干，可是許多人把這些罪過都加諸於九年一貫課程的推動，造成社會的誤解，以訛傳訛，積非成是，引發家長的恐慌。

近日立法院又決議恢復國立編譯館編印教科書，當初要求開放也是立法院決議的，才造成今日教科書品質低劣，那又是誰的過錯？教育是百年大事，豈能將教育淪為政治化議題炒作，那將是永無安寧之日。希望各界多給予掌聲，許多教育人士默默地奉獻心力，應該給予肯定與支持。

教育改革是往前邁進，不能因問題而喊停，教改工程非一日可達成的，必須漸進推動，接納不同的意見再予以修正。行政是不能等待，教師不能退縮，家長不能缺席，我們必須整合社會各界之教育興革共識，攜手並肩共同為下一代奠定基礎，迎向未來，怎可再走回頭路？

二〇〇二年六月三日　作品

發揮教師會組織功能

教師法立法明定教師權利義務，保障教師工作與生活，提昇教師專業地位，教師會依據教師法第二十六條規定，各級學校可組織教師會，分學校、縣市及中央（全國）三級，本縣成立教師會的學校有金門高中、金門高職、金城國中及金湖國小四個學校，參加教師的人數仍不及全縣的一半，雖然全縣教師會一再拜訪其他各校加入，一直都沒有得到迴響，興趣缺缺，其實這樣是錯誤的作法，難道這是某些人的特權嗎？這好比各行各業組成工會，才能發揮團隊精神。教師享有的權利和義務是相等，如建立教師的專業紀律、評鑑制度等，將透過教師會的運作，才能有效的達成。

最近報載許多爭議的問題，攸關全國教師的權益，難道身為教師的一份子，能置身於事外而漠不關心？舉凡教師徵收所得稅、教師考核制度、退撫基金運作、增加教師編制等議題，都必須透過全體教師的力量，集思廣益，共商對策，匯成一股力量，才能有效獲得合理的解決。現今地區教育問題一籮筐，如各項制度的修訂、校長遴選制度、主任儲訓制度、教師授課節數、九年一貫課程推動等，需要全體教師共同參與，制定合理的解套辦法。

全國教師會成立三年來，不斷地推動各項工作，參與教育法規的修訂工作，尤其推動教改的心力是得到各界的肯定，期望地區教師共同參與，加入教師會組織活動，在今日校園民主的推展中，每位教師應負起未來教改的重任，然而有些膚淺的人士認為組織教師會是與學校對立，為所欲為，專門批判學校的作法，製造頭痛問題，那都是以管窺天的狹隘思維。

依照教師法第二十七條明定的基本任務有六點，主要是維護教師專業自主權，協議教師聘約，教師申訴問題，制定教師自律公約等，因此全體教師應納入組織運作，爭取各項應享的權利，發揮團體制衡力量，約束教學不力的同仁，讓校園內行政、教學、活動推展流暢，改造校園組織文化。

二〇〇二年六月四日　載於《金門日報》言論廣場

讓孩子走自己的路

普天下的父母無不希望自己的子女出人頭地，自幼稚園起就為子女想盡辦法安排各種學藝活動，諸如學鋼琴、舞蹈、作文、書畫、補習等額外的負擔，把孩子的時間排得滿滿的，剝奪孩子的休閒時間，疏忽了孩子學習的興趣，像一隻關在鳥籠裡的小鳥，往往會造成孩子厭倦學習或障蔽其心智成長的缺憾。

其實孩子要讓他有個快樂的童年，從小嘗試各種生活的經驗，多體驗一些困苦的生活狀況，學習獨立自主的特性，大人不必一直呵護著，養成依賴的習性，長大自然無法適應惡劣的環境，造成畏縮逃避的現象。現代的孩子生長在富裕的日子裡，上下學有轎車代步，少帶用具時把父母當做傭人差遣，凡事依賴著父母或家人，當然無法獨立自主，怎能適應未來多變的社會。

如果你是以強求之心去教導孩子，那就會陷在虛幻之中，終歸於失敗。每個孩子依其資質、性向、能力和志趣，給予適當的鼓勵與教導，不要一味鼓勵孩子去跟別人比較，把孩子的分數和名次看得很重，淪為競爭的工具，難怪今天的學童把讀書上學當成痛苦的事，想辦法逃避這種壓力，產生敵意和對立；或者受不了升學功課的壓力就變成自我傷害，如憂鬱、自暴自棄、吸毒乃至自殺，造成這麼多的青少年問題，實在是父母教導偏差及師長引導錯誤。

一個不愛自己的人，必然也不愛別人；這就是社會不安的原因，是暴力和犯罪不法行為的來源。教育不能再視為一種讀書和升學的工具，而要把它看成對人啟發和教導，目的是生活而不是升學，每個孩子都是一塊寶，都有自己的才能，父母和老師要珍惜，並帶領他走出自己的路。

因此父母過度的保護與溺愛，造成依賴的行為，延緩他的學習能力，反而害了他的成長。英國首相邱吉爾曾受到威林頓老師的一句安慰的話：「你會奮鬥出一條自己的路來」，因而影響他的一生，這點值得大家深思。

二〇〇三年六月十五日　作品

校長是教師的標竿——也談「飲酒文化」

教育隨著時代潮流，朝向多元化、民主化發展，權責適度而漸次下放，因應地方特性與需求，建立因地制宜的彈性制度，尊重學校與教師專業自主，教育措施將充分由校長做決定，掌握重要方向，校長對學校發展仍居於主導地位。

孔子說：「在上者風，在下者草，風行草偃」，校長的哲學觀，直接影響校長治校風格，間接左右了師生的教、學表現，自然就形成各校特殊的校風。以正面的特質來說，必須具有思想開朗，心胸寬闊，富有教育熱忱，犧牲奉獻的精神，追求新知等；而負面的特質是觀念保守，思想陳舊，好酒奢侈等習性。正負特質可以來定位一位校長的人格。

交際應酬雖是政治文化之一，但必要的堅持與有所不為的操守更是一位理想校長應有的修養，否則酒色財氣必將一世英明毀於一旦，不可不慎。君不見縣網的留言板曾揭發數位鼎鼎大名的校長，常是紅面關公的模樣，至今依舊我行我素，不知收斂節制，可悲！他們唯一的功勞是促銷「金門高粱酒」的楷模。有的校長還認為會喝酒的人才會辦事，能爭取更多的經費來辦學，你認為那是「金玉良言」還是支吾其辭的歪論？

校長是社會中德高望重之輩，其操守與精神具有感化作用，才可為教師及社會大眾的楷模典範。權力使人腐敗，利益使人迷惑，酒色使人喪志，教育工作者，尤其是校長必須堅守原則，保有清高的操守，抗拒外來的誘惑，讓金門的「飲酒文化」風氣逐漸褪去，端正地區不當應酬文化，為響應政府的心靈改革而努力。

二〇〇二年五月十八日　載於《金門日報》言論廣場

教改列車啟動了嗎？

近日報載教育部完成小班教學精神計畫總評鑑，本縣被列入乙等，成績表現不佳，這樣的成績看了令教育界大感失望，究竟是那裡出了問題，應該自我反省檢討才是重要的課題，尤其面對九年一貫課程的推展，令人懷疑教改列車是否真的啟動了？

我們可以從幾方面來探討問題的癥結。其一教育主管行政單位是否有規劃執行的能力？這些年來任用的行政人員均非學教育出身的，只能辦行政而已，對教育仍是陌生，哪來推展教育改革的本能？

就好比往日調用各級主管，許多門外漢竟然任用為不相干的生產單位，讓人看了霧煞煞，沒有做到「用人唯才」的理想；再者校長的領導角色不能再八股不化了，必須再進修充電，做好時間管理策略，才能有效率的發揮領導能力；學校教師年齡層的老化，年輕者缺乏良好的誘因，不敢奢望未來有更好的職位，沒有一個正確的目標指引。非教學性的行政負擔一直存在者，何時行政配套措施能落實各校才是基層教師的心聲。

以個人看法應強化縣市及學校行政人員教學視導的角色，發揮教學輔導團的功能，統整中央、地方及學校各層級的網路資源，提高資源使用的效能；鼓勵社區家長的參與，提供教學資源；建立教學資源中心，提供相關資源服務；改造校園組織文化，重建教學專業，形塑教師形象；落實校長專業領導，帶領教師實施多元教學與課程發展，塑造學校美好的「願景」。

依據報載及網路資源得知，小班教學成效以台北縣及高雄市最佳，早在六年前就開始規劃，投入了大批人力及經費，培訓許多專業人才、種子教師，大力推展並建置教學網站，發表許多優異的教學技巧，相互交換心得，分享教學經驗，才獲得今日的成就，值得我們學習。

教改成敗的關鍵在於教師，如何找回教師對教改的共識與意願，需要你我共同努力去達成的，譬如落實校園民主化、校園環境教材化、引導教師從事行動研究等，總之營造成長團體利多環境，是學校組織文化再造的原動力，是創新教學九年一貫課程的關鍵。

二〇〇二年五月二十一日　載於《金門日報》言論廣場

談「教師考核——績效制」的實施問題

教育部最近擬定公立高中以下教師考核績效制，這項攸關全國二十萬高中以上公立學校教師考評制度，引起全國教師的重視，連日來爭論不休，原因是一項制度的訂定，必須徵詢各方的意見，譬如做問卷調查、座談會整合民意取向，再訂定實施辦法，就不致有太大的反彈聲浪。

依照新制的施行，不再「人人有獎」，未來教師必須視個人工作績效做為晉薪、核發考核獎金的依據，符合教學績效、訓輔績效、研究績效、行政服務績效等積極條件者可核發考核獎金；但是若有缺課、曠職、遲到早退、請假超時、未經同意在外兼課兼職、怠忽職守、授課時數未達標準等消極狀況，則不予核發考核獎金。預定在九十一學年起實施。

近日全國教師會與教育部長進行公開對話，要求績效評量制度改以教師專業評鑑取代，不論將來考核制度修訂為何，以一位基層的教師提出幾點看法：

一、辦法內規定由各校教評會來評定績效，那麼教評會成員又要那一個組織來考核呢？是校長還是教育局長？因此教評會組織必須健全，具有公信力，才有能力承擔重任，將會是成敗的關鍵。

二、地區比賽的活動太多，只要得名嘉獎，平日教學不力又何妨，反正今年的考核又篤定甲等，那些平日教學認真又如何能得獎勵，再說大學校與小學校比是不成比例，實在不合乎公平原則。

三、學校教育一切應回歸正常化，不是爭取幾個獎牌就是稱辦學績效第一，其實那些都是表面化，在九年一貫課程實施後，教育單位定期實施基本能力測驗，是否達到一定的標準內，真正檢驗一下辦學績效。

四、目前縣府獎懲辦法要求得到全縣性以上的才可以獲嘉獎，古板又不實際，希望人事單位檢討一番。有些默默耕耘，真正教學有方、班級經營有成，那有獎可得？績效如何評定才是重要。

五、人事的考核也是重點之一，若用問卷調查一下，就得知平日在外喝酒作樂者是常事，把考核擺在一邊，而且年年考績甲等，如何嚴格管制出缺勤，以維持公平公正。

六、如何制定評鑑辨法，把各項工作績效量化，制定優質的規則，由教師自評再由公正的教評會評審，讓教師自發性積極參與校務，樂於犧牲時間爭取績效，不必勞駕校長施壓而引起反彈，讓每位教師心悅誠服，真正達到獎勵分明。

再次呼籲教育當局檢討過去，不要依循往例，改進各項配套措施，各校應儘速建立公平合理的考核制度，譬如採用積點制，初步實驗一下，否則真正頒布實施必引起更多的爭端，學校永無安寧日。

二〇〇三年四月十五日　作品

青少年迷「網」——談教育之道

青少年網路成癮問題嚴重，根據統計資料顯示，台灣六百萬上網人口當中，估計有三十萬人得到「網路成癮症」，對於青少年課業及身心發展造成負面影響，這種不正常的現象正持續惡化下去。

心理專家的分析表示，青少年由於壓力大，心情煩悶，往往透過上網聊天來紓解壓力，將網路視為逃避現實的場所，但是由於浪費太多時間上網，形成罪惡感，心情苦惱下，又強迫自己繼續上網，如此形成一種惡性循環。網路上癮原因較為大家熟悉的就是同儕壓力、文化潮流、長輩處理的態度。

對於網路上癮的現象，家長不能將網路視為洪水猛獸，現在青少年不可能完全不上網，如何教育反而是重要的一環，面對日益進步的網路世界要如何正確的進入，善加運用，如果一再地嚴格管制，又造成親子關係的惡化和對立，因此疏導比管制有效。

學校教育方面應從小培養正確的資訊素養，例如社交禮儀、智慧財產權、如何選擇好的搜尋網站等，真正達到資訊教育的基本要求；家庭教育方面，家長應負起監督的責任，約定外出的時間長短、將家中的電腦放在客廳等公共位置，除了和孩子溝通約定上網的時間之外，也應教導孩子選擇性上網，同時培養孩子做其他的休閒活動，多用些時間及愛心陪陪孩子；社會教育方面，宣導廠商依法經營，警方執行取締不法營業，讓孩子不被社會陷阱所引誘受騙。

青少年網路成癮問題嚴重是文化潮流所帶來的亂象，背後有諸多原因造成的，我們最大的隱憂是執迷不悟，有些達到廢寢忘食，荒廢課業，以致無心工作的地步，因此必須靠學校教師及家長共同找出原因，為孩子導引一條正確的道路，以免陷入泥淖而無法自拔。

二〇〇三年五月二日　作品

祝賀新當選的校長

本次國中小校長遴選名單終於出爐了，恭喜各位歷經難關考驗終於出頭了，也展現縣長對教育改革的期許並寄以厚望，整個遴選過程公開化透明化，讓全民為之耳目一新，杜絕人情關說，選出真才實學的校長，為平靜已久的教育界引起大震憾，讓大家鼓掌叫好，創下良好的先例。

本次校長遴選過程強調校長的專業知能及治校理念的創新，才獲得委員們的肯定，其中幾位原本以為可以過關的老校長，終被淘汰出局，自己感到意外，是因為他們不懂得遴選的過程，疏忽選前的準備，自以為老神在在，才落得如此下場。再說縣教師會為促成遴選辦法的合理性，大力奔走運作，並評選各校最理想的校長人選，做法獲得教師的認同，投下那一張關鍵票，讓本次校長遴選畫下圓滿的句點。

據評審委員透露有幾位校長、主任表現凸出，皆是參與九年一貫課程的推手，平時積極吸收新知，充實專業知能，在發表中對答如流，言之有物，也證明平時不落實校務改革者，終被社會所唾棄，值得深思警惕！

這次校長遴選過程樹立良好典範，也肯定各位評審委員明智的抉擇，不負眾望，為大家選出適任的校長人選，贏得全民的喝采。期望新任的校長，本著良知良能，發揮長才，改革創新，塑造個個獨特的學校特色，讓金門的教育願景更美好。

二〇〇二年八月二日　作品

教育資源整合之我見

拜讀貴報社論評析教育資源整合問題，讓教育界廣泛討論其利弊，是值得可喜的現象，因此藉這個機會略抒己見，以表達不同的看法。由於地區的人口結構急遽變遷，學校班級數銳減，因此政府為解決學校存廢問題而進行教育資源整合評估，目的在於重組學校生態，希望以現有的教育經費發揮更大的效益，作法值得肯定，毋庸質疑。

小班小校固然是教改的理想目標，然而學生數逐年降低，已是不爭的事實。若勉強撐下去，勢必造成資源的浪費，譬如某分校曾經有過一班一位學生的紀錄，試問教學效果會好嗎？竟然家長無異議順其發展，在小校中的學生，幾乎每位學生為參與各項活動而疲於奔命，競爭的對手太少，程度上難與大校抗衡，在大校中常見越區就讀的學生不少，那是為什麼？在九年一貫課程實施中已發現小校的師資結構不符合實際需要，課程發展委員會難以運作；協同教學不易；班群研討缺乏團隊力量等問題；且校園的腹地大多狹小，難有發展的空間，值得大家深思。

許多小校為參加活動疲於奔命，公假多了常鬧空城計，有的連工友都派上用場，剝奪學生的受教權利，都是存在已久的弊病。未來學校人力規劃及組織再造推動中，體制完整而健全的學校，校長推行容易安置人事，反觀小校則執行困難重重；小校教師授課也是難題，教師必須具備多樣化的才能，才足以勝任教學。為併校而引發社會反對聲浪，我認為是家長不了解實際的狀況而引起反彈，試問如果是一所體制完整而健全的學校，你會放棄就讀的機會嗎？金門的大學校與台灣相比，都成了小學校。

至於要如何化解併校的爭議，有下列幾點作法：

一、打破學區劃分，讓家長選擇喜歡的學校，勢必會自然淘汰辦學不力的學校。

二、提高現有的教師編制，減輕教師額外的負擔，專注於從事教學研究工作。

三、給予遠道就讀的學生優惠待遇及各項配套措施。

四、強化體制完整而健全學校的各項設備，提供舒適的學習空間時代在變，制度也隨時修訂，適度的競爭才會進步，如果現今的教師家長再墨守成規，用傳統的教法去教育他們的子弟，必遭時代所淘汰，今天政府重整教育資源也是一種改革作法，將金門教育邁入新里程碑，讓關心教育的人士拭目以待。

二〇〇三年十二月一日　作品

談教師專業能力的提昇

近年來，為了回應社會大眾對教改的期望，在教育行政當局及學界人士的推動下，推動了「開放教育」、「田園教學」、「方案教學」、「多元智慧教學」等教學創新作法，這些創新的教學正考驗著每位教師的專業知能，如果你有二、三十年的教學實務，而仍然抱持傳統的教法，那可能面臨被淘汰的命運，為社會所詬病。

處在多元開放的社會裡，教師更需要具備專業能力，更需要自我反省，檢核自己的能力，如課程統整、多元評量方法、輔導諮商能力、班級經營的理念、資訊科技融入各科教學、行動研究、專業知能等，才能有效運用於教學上，譬如媽媽做菜，如果不求變化，迎合孩子的口味，那還有什麼食慾可言，尤其近來兒童獲得資訊容易，不求新求變，兒童當然枯燥乏味，自然缺乏學習的樂趣。再好比辦理校外教學時，你至少了解當地的自然景觀，動植物生態，才能加以解說。

如何提昇應有的專業能力，除了主動參與各項研習外，最重要的是靠自己的進修才是最根本有效的策略，目前有關教改的教學叢書不勝枚舉，教師如何選擇閱讀；網路資源豐富，你怎樣去搜尋利用；如何做行動研究分析教學上的問題；班群間如何實施專業對話，分享教學經驗；如何設計規劃班級經營策略；如何建構教學檔案等；如何建置網站分享教學資源，這一切必須運用課餘時間去完成的。因此每位教師的時間管理是非常重要，在寒暑假裡能充分利用，達到進修的目的，避免外界誤以為教師放寒暑假太悠閒了。

國北師院前歐用生校長說：「目前中小學教師進修教育，仍有許多盲點，急待突破。其中最大的問題是進修教育未培養教師專業發展能力。」因此真正的教師進修目標，要能促進教師專業能力，培養教師自我成長能力。為維護教師尊嚴，提昇教師專業發展能力，迎接教育改革的聲浪，無論是教育界的老兵或菜鳥，無懼於任何的挑戰。

二〇〇三年十月十五日　作品

別誤了學子的前程

今年教師甄試在地區圓滿落幕了，恭喜優秀的生力軍加入地區的教育行列。今年看到數萬名準教師到處流浪，為擠入正式的教師實非易事，經過多次的考驗才能脫穎而出，可見一職難求。在此提醒現職的教師們要珍惜擁有，堅守自己的崗位，莫讓社會輿論嚴苛的批判，誤了千百位學子的前程。

在此提出幾個案例如某高中數學教師平日上課滔滔不絕，似乎很用功，可是學生卻不知所云，教學效果其差無比，教了幾十年的書，教學方法從未改變，尤其現今教改沒有掃到高中職，養尊處優多年，還以二十世紀的那一套教學法拿來教二十一世紀的學生，實在可議，年紀也一大把，更談不上在職進修，如今還捨不得退休，校方也無能為力，經過多方面的察訪，多數學生同樣遭遇，學子何其不幸，我兒子也被誤了兩年，又可奈何！

某校總務大人身兼政風人員，私生活不檢點，經常飲酒作樂，常有酒後失態情事，上課時滿口酒味，混了多年安然度過。另有某校資深教師自稱是領將軍級的薪水，自吹自誇，滿口的大道理，大言不慚，年紀也不小，可是又看不出有什麼教學績效，不禁讓人質疑。再有某校的一位教師召了不少的會，投入股票市場被套牢，資金週轉不靈，倒了數千萬，害慘了同仁平日的積蓄，可是他依然屹立不搖，你說他還有心教書嗎？

以上列舉的案例都是公開的秘密，他們不知誤了多少學子的一生，可是不見政府及學校社會對這些不適任的教師作適當的輔導，一般家長有一顆善良的心容忍他們的作為，視若無睹，實在是地區的一大笑話。正值教改如火如荼展開，家長極為關心自己的孩子，希望有正義感的人士勇敢地站出來，多關心地區教育；期望新任的高中校長展現改革的魄力，讓金門的學子更具有競爭力，也懇請教育當局訂定一套不適任教師輔導措施，讓年老的教師退下來，安養晚年，讓年輕的一輩有發揮長才的空間。

當然不可否認資深的教師仍有許多優秀者，默默在奉獻心力，培育人才，只有少數害群之馬破壞教師的形象，實在可悲。教改雖然投入龐大的財力和物力，然而教師的心態如果不改，還一直質疑九年一貫課程是否胎死腹中，大聲漫罵教改的不是，仍然墨守成規，枉費政府的一番苦心，因此從事教育者必須多做省思，才能迎接未來的挑戰。

二〇〇三年九月十五日　作品

從搖頭丸事件——談誠信問題

近日報載香港歌星蘇永康疑似服食搖頭丸被警方逮著，不久曾公開記者會公然否認服藥，經過警方檢驗之後，確定尿液呈陽性反應，判定這位歌星服過搖頭丸的結果。從這事件的發展，讓我們看到一位知名的公眾人物竟然公開撒謊，不敢承認自己的過失，使得他的信用完全破產，歌唱生涯正處於顛峰期的他，毀於一旦，讓人引以為鑑。

過去曾引人爭議的李前總統的言論，話題前後矛盾，讓人無法判別是與非、真與假，難怪今日的社會到處充滿虛偽，講真話的人不存在了。由於媒體傳播迅速，很多偶像常做了錯誤的示範，誤導了年輕朋友，造成了負面效應，是教育無法彌補和導正的，今天的媒體有許多不良的傳播及報導，一些懵懂的年輕加以模仿，才造成如此歪風。

今日在學校中的孩子犯了錯是永不承認的，常有欺瞞現象發生，師長也難以處置；家長也常抱怨孩子很會編織謊言，欺騙學校也欺騙家人，原因是缺乏誠信教育所致。古代的人最講求誠信，所謂「一言既出、駟馬難追」，「無信不立」等名言，可以說小至個人，大至國家，沒有不講誠信之道。現在社會中有許多人表面滿口仁義道德，其實心中所想並非如此，只能說他靠那張似是而非的「嘴」，欺瞞大眾，以為眾人皆不知。

身為教育工作者應記取現有的案例，融入各科教學之中，正確引導學生確立「誠信」的重要，判別是非善惡，落實在生活教育之中，讓誠信的美德永遠深植人心，與個人的榮譽同等重要。

二〇〇三年十月二日　作品

教師進修何去何從？

多年來地區的教師進修研習一直存在著許多問題，尤其將這些額外的負擔加諸於各校，造成各校行政工作的困擾，許多觀摩研習彷彿像一場大拜拜，模式千篇一律，缺乏創意，實質效果如何，實在有限。原因是缺少教師研習中心做完整的規劃，教師只能做零碎的學習，研習缺乏延續性及統整性。趁此教改時刻，希望教育當局費思量，應從教學與行政兩者著手改革。

適逢九年一貫課程的推展，教師專業知能的提昇可以說是急迫需要，諸如學校本位課程的研習、行動研究、協同教學、主題教學統整能力、多元化的評量、資訊融入教學、教學評鑑……等方面做有系統的研習，真正達到實質的效果。綜觀近兩年來，教師申辦退休人數急遽攀升，除了以教師資深的理由外，最重要的是許多教師不熟悉九年一貫課程的內涵，感到惶恐不安，不知如何下手去做。也因為專業知能不足而無法面對新課程的衝擊。

以下提出幾點淺見供參考：

一、設立教師研習中心，短期內暫借某機關或學校設置，聘用專人負責辦理研習活動；長期以規劃設立完善的研習中心為目標，長期性培訓地區教師。設置教師研究室，收集各類教育雜誌，出版研習刊物，陳列各項研習成果。

二、建立「教師進修護照」或「進修檔案」，以追蹤教師進修紀錄與成效。

三、建立教師評鑑制度，將進修納入評鑑項目之一，建構教師未來績效考核重要的指標。

四、將教師進修之辦理、考核訂定明確的權責，對未進修義務者明訂處置要點，讓各校有所遵循。

五、以優厚條件聘請專家學者蒞金授課，由於地區受地理條件限制，聘請專家確實不易，應制定特殊辦法來吸引學有專精者前來授課。

「減輕現行中小學教師行政負擔，增進學校行政與教學效能」及「健全教師進修制度，提升教師專業成長」是目前教改探討改進的重點項目，未來教育的成敗，攸關制度上的健全與否，地區的教育向來是以「實驗」著名於全國，何不大刀闊斧的改革，開啟教育新願景。

二〇〇二年四月三十日　載於《金門日報》言論廣場

遴選與欽定——淺談「校長遴選制度」

自從行政院教育改革審議委員會提出「教育改革總諮議報告書」以來，迄今已歷五年，多年來教改工作陸續推動，也獲得相當的成果。然而在本縣教育配套措施，似乎未見立竿見影之效果，以校長的儲備及遴選制度，多年來一直讓人詬病，引發諸多爭議，為迎接教改的浪潮，符合各界的期待，值得當局深思檢討，不再墨守成規，真正達到改革創新的新局面。

自民國八十一年廢除戰地政務至今已近十年，在過去戰地政務時期，單憑長官一句話就可欽定校長人選，目前還有多位蒙獲恩寵的校長，毫無制度可言。事隔十餘年，校長可以連任無休止，把新的遴選制度擺一邊，甚至有的校長任職四十年了，是世界罕見的，名副其實的「萬年校長」，讓那些擁有高學歷而有志擔任校長的年輕老師只有望天興嘆！再者前年三位儲訓的校長遴選風波，有識者都議論紛紛，忿忿不平。

本縣教師會多次提議改進，希望教育當局正視本問題，可是終未獲圓滿的答覆。下學期面對校長調動必又引發另一次爭議，讓人無法信服。尤其正面臨九年一貫課程推展的重要時刻，校長必須擔負教改列車推動的火車頭，如果還是以傳統的教育思維來領導，其後果令人堪憂。我們期盼未來的校長必須具備豐富的學養，前瞻性的教育理念，才能使金門的教育改革邁向美好的願景。

目前唯有提高校長的學經歷，突破傳統的束縛，為激勵教師不斷的創新上進，達到新陳代謝的功能，必須建立一套完整的遴選制度，拔擢優秀的人才，也希望參與評選的委員們秉持公平、公正、公開的原則，擦亮眼睛，謝絕人情關說，慎選真正有學識有擔當的校長人選，讓不適任者回任教師，才不負眾人的期望，讓年輕一輩「出頭天」，讓教改的列車順利啟動，打造金門美好的教育願景。

二〇〇二年四月二十三日　載於《金門日報》言論廣場

開創美好的金門願景——談自然保育

自戰地政務解除後，回歸地方自治，百姓的自由得以伸展，民意因此高張，如同鬆了韁的馬，無視法令規章，各地違建物紛紛建起來，工廠林立，砍樹挖地，從飛機上俯視已是慘不忍睹了，到處看到的是鐵皮屋，把青綠的大地，弄得千瘡百孔，有的像頭上長了瘤，多年來辛勤綠化得來的成果，毀於一旦，不禁要問我們的公權力在那裡，似乎無政府狀態，難怪近日內政部官員蒞金時提到目前有近千件違建物要如何處理。

慶幸政府於民國八十四年十月成立了金門國家公園，積極規劃人文景觀及自然保育活動，一方面宣導，一方面整修維護，使許多聚落煥然一新，金門國家公園投入大量財力去維修，讓地區豐富的人文資產得以保存，在成立之前，有許多短視的政客及民眾極力反對，大概是擋了他們的財路。許多來金門觀光的旅客，最欣賞那一股原始的自然風貌，然而經過這些年來的破壞，加上森林火災肆虐，失去往日原始自然的景象，如果再不加以保育維護，那還有什麼珍貴的景觀供旅客欣賞的？

近年來綠化美化工作持續進行，處處看到紅花綠葉，工作成效值得大家肯定，可是破壞容易而建設難，今有幾項看法提出來探討：

許多栽種植物來自台灣，尤其更新行道樹都沒有考慮到金門原生種植物的栽種，未必適應本土氣候，值得三思，譬如大量栽種原生種植物如小葉赤楠、石斑木、烏臼、朴樹等，具有鄉土韻味，實在可行；強化環保觀念，嚴格管制進口免洗用品及塑膠袋的使用，免於造成二次公害；保存海岸生態的完整，由於過去規劃錯誤，闢建海堤，嚴重破壞海岸生態環境，如今無法復原，實在可惜；鄉村整建規劃缺乏綠地的空間，大多以水泥地取代，希望施政者能具有自然保育的觀念，培育專業人才，多徵詢專家學者的意見，百姓建立正確的環保概念，才有美好的未來。

今日的金門雖然是彈丸之地，但擁有豐富的人文史蹟及自然景觀，是發展觀光事業最好的資源，唯有全體島民共同體悟先民在這塊土地上所付出的心血，共同珍惜維護先民遺留的資產，發展高品質的觀光事業，讓金門未來的願景更加美好。

二〇〇二年六月十一日　載於《金門日報》言論廣場

民主與法治——談選舉文化

基層選戰剛落幕，幾家歡樂幾家愁，回顧本次的選舉活動，不管在選前選後，賄選的傳聞不斷，讓本次的選舉再蒙上一層陰影，如此惡質的選舉文化，那裡會是選賢與能，實在可悲！簡直是比誰的錢花得多，看誰的手段高明，誰就是選戰的勝利者。

許多選民禁不起各種脅迫利誘，失去了正確的判斷力，汙衊了那神聖的一票。其實選戰的花招不外是買票賣票；接受酒宴旅遊招待；假「添緣」之名捐款予以寺廟，是所謂的期約賄選；謠言中傷對方；藉宗親力量施壓以及幽靈人口投票等不乾淨的手段，欺騙無知的選民而達到目的。有些候選人不曾見到登門拜票，票箱開出來竟然得到高票，其中藏有玄機，這些不良的錯誤示範，汙染了下一代的心靈，每逢選舉就有利可圖，大家只看在「錢」的份上。

選民的民主素養何時提昇？試問你的人格尊嚴只值那區區數仟元而已，未免糟蹋自己，愧對自己的良心是一輩子不安；候選人如果以不正當的手段而當選，有辱其人格，是件可恥的事，俗語說：「人在做，天在看」，大概現代的人無懼於天地的懲罰。

雖然司法單位雷厲風行在掃除賄選，可是候選人與選民仍不懼法律的規範，賄選不斷，也看不到檢舉告發的案件，似乎社會上能主持正義、見義勇為的人在現實功利的社會中都已死亡，真正服務人群的候選人永遠無法讓選民認同。

期待未來的選舉是一場君子之爭，具有民主風範，選民的素質提昇有待大家共同努力，司法單位主動出擊，繩之於法；有識之士勇敢站出來，打擊非法手段贏取選戰；期望在學校的民主法治教育從小扎根，避免重蹈覆轍，培養下一代的兒童，明辨是非善惡，重信義明廉恥，讓未來的選舉達到真正民主之路。

二〇〇二年六月十八日　載於《金門日報》言論廣場

後記

在我生命中的每一刻，常持有一股充沛的活力與保有一顆年輕的人，雖然已年過半百，但凡事仍深具信心。

回顧半世紀的歲月裡，總有許多令人值得回憶的甜蜜往事，尤其從事教育工作三十餘載，更有述說不完的心路歷程，希望藉由這支笨拙的筆，記錄過往的生活點滴，以知所省悟與感恩，並勉勵後代的子孫要謹記前人曾經走過的足跡。

惟個人才疏學淺，總認為寫不出什麼好的作品與大家分享。直到近來在長慶兄的鼓舞下，才敢冒然疏理拙作，剛開始時，頗感力不從心，經過一段時日的思索與煎熬，才稍得心應手。無論是散文小品或教育論述，在這四、五年的光景裡，也累積了數萬言，終於孕育出平生的第一本書。

近些年來，時代的巨輪不斷的往前邁進，教育改革也方興未已，個人有幸躬逢其盛，全心全力投注小班教學與九年一貫課程的推動，積極參加國立教育研究院第一百期校長班儲訓研習，均略有心得，而得以抒發個人的理念，舉凡回憶孩童辛酸的生活點滴、艱苦備嘗的求學歷程以及從事教育工作的歷練與感觸等，均抒發為文並多次發表於《金門日報》浯江副刊及言論廣場，幸獲諸多讀者的迴響，也喚起同齡族群美好的回憶，尤其成長於在四、五十年代的金門人，大多歷經「古寧頭戰役」和「八二三砲戰」的洗禮，今天能夠倖存於世，實要感謝老天的厚賜。

人生是一段變動不羈的旅程，藉由文章喚起大家對生命的尊重與珍視，用心的自我省思、學習與成長，以開啟生命智慧之鑰，讓人性的光輝豐饒所有的生命。

承蒙長慶兄為本書做深入的剖析，黃奕展校長在宗族文化領域的賜教，教育部陳昆仁督學及前高雄市商陳榮華校長在教育志業上的提攜，均不勝感激，特此致謝。基於個人的論點粗淺，又倉促付梓，難免掛一漏萬而有疏漏之處，期盼仁人君子不吝指正。

二〇〇七年十月十五日　於金門太武社區

國家圖書館出版品預行編目

永恆的生命 / 陳順德著. -- 一版. -- 臺北市 :
秀威資訊科技, 2008.01
面； 公分. --（語言文學類；PG0172）

ISBN 978-986-6732-70-6（平裝）

1. 言論集

078 97000731

語言文學類 PG0172

永恆的生命

作　　者 / 陳順德
發 行 人 / 宋政坤
執行編輯 / 黃姣潔
圖文排版 / 郭雅雯
封面設計 / 莊芯媚
數位轉譯 / 徐真玉　沈裕閔
圖書銷售 / 林怡君
法律顧問 / 毛國樑　律師
出版印製 / 秀威資訊科技股份有限公司
台北市內湖區瑞光路583巷25號1樓
電話：02-2657-9211　傳真：02-2657-9106
E-mail：service@showwe.com.tw
經 銷 商 / 紅螞蟻圖書有限公司
台北市內湖區舊宗路二段121巷28、32號4樓
電話：02-2795-3656　傳真：02-2795-4100
http://www.e-redant.com

2008 年 1 月 BOD 一版
定價： 260 元

讀　者　回　函　卡

感謝您購買本書，為提升服務品質，煩請填寫以下問卷，收到您的寶貴意見後，我們會仔細收藏記錄並回贈紀念品，謝謝！

1.您購買的書名：______________________________

2.您從何得知本書的消息？

☐網路書店　☐部落格　☐資料庫搜尋　☐書訊　☐電子報　☐書店

☐平面媒體　☐ 朋友推薦　☐網站推薦　☐其他__________

3.您對本書的評價：(請填代號　1.非常滿意 2.滿意 3.尚可 4.再改進)

封面設計____　版面編排____　內容____　文/譯筆____　價格____

4.讀完書後您覺得：

☐很有收獲　☐有收獲　☐收獲不多　☐沒收獲

5.您會推薦本書給朋友嗎？

☐會　☐不會，為什麼？______________________________________

6.其他寶貴的意見：______________________________________

____

____

____

讀者基本資料

姓名：____________________　年齡：______　性別：☐女　☐男

聯絡電話：________________　E-mail：____________________

地址：____

學歷：☐高中(含)以下　☐高中　☐專科學校　☐大學

☐研究所(含)以上　☐其他_______________

職業：☐製造業　☐金融業　☐資訊業　☐軍警　☐傳播業　☐自由業

☐服務業　☐公務員　☐教職　☐學生　☐其他__________

請貼
郵票

To：114

台北市內湖區瑞光路 583 巷 25 號 1 樓

秀威資訊科技股份有限公司　　收

寄件人姓名：

寄件人地址：□□□

(請沿線對摺寄回,謝謝!)

秀威與 BOD

BOD（Books On Demand）是數位出版的大趨勢，秀威資訊率先運用 POD 數位印刷設備來生產書籍，並提供作者全程數位出版服務，致使書籍產銷零庫存，知識傳承不絕版，目前已開闢以下書系：

一、BOD 學術著作—專業論述的閱讀延伸
二、BOD 個人著作—分享生命的心路歷程
三、BOD 旅遊著作—個人深度旅遊文學創作
四、BOD 大陸學者—大陸專業學者學術出版
五、POD 獨家經銷—數位產製的代發行書籍